VENCENDO A MORTE
E A OBSESSÃO

Richard Simonetti

VENCENDO A MORTE E A OBSESSÃO

Ilustrações
CELSO DA SILVA

EDITORA PENSAMENTO
São Paulo

Copyright © 1994
Centro Espírita Amor e Caridade
Bauru — SP

Edição	Ano
2-3-4-5-6-7-8-9	97-98-99

Direitos reservados
EDITORA PENSAMENTO LTDA.
Rua Dr. Mário Vicente, 374 — 04270-000 — São Paulo, SP — Fone: 272-1399

Impresso em nossas oficinas gráficas.

ÍNDICE

Prefácio do Autor 7

Primeira Parte
VENCENDO A MORTE

Bico de luz 11
O corpo espiritual 13
Concurso espiritual 16
Desligamento 18
Balanço 20
Dificuldades do retorno 22
A melhora da morte 24
Recurso infalível 26
As delongas do desligamento 28
Tragédias 30
Fuga comprometedora 32
Morte de crianças 35
Por que morrem as flores 37
Aborto 39
Consciência do erro 42
Solução infeliz 44
Velho trauma 47
Chegou a hora? 49
Jogo perigoso 51
Velório 53
Velório ideal 55
Em favor dele 57
A veste no guarda-roupa 59
Avisos do além 61
Estranho culto 64
Flores de saudade 66

Cremação 68
Transplantes 71
Abençoada caridade 73
Curiosa obsessão 76
O mais importante 78
Raízes de estabilidade 80
Jóias devolvidas 82
Passaporte 85

Segunda Parte
VENCENDO A OBSESSÃO

A presença da nuvem 93
Custódio e o diabo 96
Torcicolo mental 98
Muito simples 101
Indesejável casamento 103
A influência maior 106
Hemorragia espiritual 109
Psicanálise 111
Terapia mosaica 113
Indesejável locatário 117
Fascinação amorosa 119
Terreno fértil 121
A assistida insistente 124
O cego que não quer ver 127
A inteligência fascinada 129
À moda da casa 131
Gozadores do além 134
À custa das próprias lágrimas 137
Possessão demoníaca 140
Por que não reagem 143
Recomendação necessária 146
Onde o espiritismo começou 149
A virtude que faltou 152
A difícil metamorfose 156
A barreira da superstição 159
O guarda-chuva 162
Furos no guarda-chuva 165
Quem sabe faz a hora 168

JUÍZO APRESSADO

Alguém que se suponha capaz de vencer a morte distanciou-se da realidade, envolvendo-se numa idéia obsessiva, pensará você, leitor amigo, ao deparar com o título deste livro.

Para sua tranqüilidade, devo esclarecer que não discorro aqui sobre delirantes métodos de perenização da vida física.

A intenção é demonstrar que a morte não existe.

Podemos situá-la por mera transferência da personalidade imortal, o Espírito, para a dimensão extrafísica, um "retorno à superfície", quando o escafandro de carne não mais oferece condições para o estágio na matéria.

A expressão "Conhecereis a Verdade e a Verdade vos fará livres", de Jesus (João 8:32), encaixa-se com precisão à problemática da morte. Superando milenárias fantasias, libertamo-nos de angústias, temores, desajustes e perturbações que costumam vincular-se a ela.

Na segunda parte procuro definir a obsessão, em variadas manifestações, como fruto da influência de indivíduos que, transportados para a dimensão espiritual, permanecem presos aos interesses humanos. Isso é bem mais freqüente do que você imagina.

Oportuno destacar minha condição de espírita. A abordagem aqui feita é iminentemente inspirada nos conceitos da doutrina codificada por Allan Kardec.

Um esclarecimento aos leitores habituados a compulsar meus livros: Os dois temas aqui reunidos têm publicações isoladas, com os títulos *Quem Tem Medo da Morte?* e *Quem Tem Medo da Obsessão?*, editados pela Gráfica São João, de Bauru.

Se você está disposto a "encarar" a leitura, bom proveito. Que lhe sejam leves estas páginas, tanto quanto a terra que cobrirá um dia seu corpo, se estiver devidamente preparado para a grande transição, superados os temores da morte e as obsessões da vida.

Bauru, julho de 1994.

Primeira Parte
VENCENDO A MORTE

"Olhemos para os mortos como para os ausentes; pensando assim não nos enganaremos."

(Sêneca)

"A morte não é mais do que o regresso à verdadeira vida."

(Scipião)

"Nada perece e nada morre, a não ser o revestimento, a forma, o invólucro carnal, em que o Espírito, encarcerado, se debate, luta, sofre, aperfeiçoa-se. Morre a forma — essa carcaça — mas rebrilha a alma — esse gnomo de luz; e o que é essa existência do corpo — um sopro — perante a existência da alma — a eternidade? Mortos andamos nós, os vivos; mortos na vida, para ressurgir vivos na morte."

(Alberto Veiga)

BICO DE LUZ

Um homem transitava por estrada deserta, altas horas. Noite escura, sem luar, estrelas apagadas... Seguia apreensivo. Por ali ocorriam, não raro, assaltos... Percebeu que alguém o acompanhava.

— Olá! Quem vem aí? — perguntou, assustado.

Não obteve resposta. Apressou-se, no que foi imitado pelo perseguidor. Correu... O desconhecido também. Apavorado, em desabalada carreira, tão rápido quanto suas pernas o permitiam, coração a galopar no peito, pulmões em brasa, passou diante de um bico de luz. Olhou para trás e, como por encanto, o medo desvaneceu-se. Seu perseguidor era apenas um velho burro, acostumado a acompanhar andarilhos.

A história assemelha-se ao que ocorre com a morte. A imortalidade é algo intuitivo na criatura humana. No entanto, muitos têm medo, porque desconhecem inteiramente o processo e o que os espera na espiritualidade.

As religiões, que deveriam preparar os fiéis para a vida além-túmulo, conscientizando-os da sobrevivência e descerrando a cortina que separa os dois mundos, pouco fazem nesse sentido, porquanto limitam-se a incursões pelo terreno da fantasia.

O Espiritismo é o "bico de luz" que ilumina os caminhos misteriosos do retorno, afugentando temores irracionais e constrangimentos perturbadores. Com a Doutrina Espírita podemos encarar a morte com serenidade, preparando-nos para enfrentá-la. Isso é muito importante, fundamental mesmo, já que se trata da única certeza da existência humana: **todos morreremos um dia!**

A Terra é uma oficina de trabalho para os que desenvolvem atividades edificantes, em favor da própria renovação; um hospital para os que corrigem desajustes nascidos de viciações pretéritas; uma prisão, em expiação dolorosa, para os que resgatam débitos relacionados com crimes cometidos em existências anteriores; uma escola para os que já compreendem que a vida não é mero acidente biológico, nem a existência humana uma simples jornada recreativa; mas não é o nosso lar. Este está no plano espiritual, onde podemos viver em plenitude, sem as limitações impostas pelo corpo carnal.

Compreensível, pois, que nos preparemos, superando temores e dúvidas, inquietações e enganos a fim de que, ao chegar nossa hora, estejamos habilitados a um retorno equilibrado e feliz.

O primeiro passo nesse sentido é o de tirar da morte o aspecto fúnebre, mórbido, temível, sobrenatural... Há condicionamentos milenares nesse sentido. Há pessoas que simplesmente recusam-se a conceber o falecimento de um familiar ou o seu próprio. Transferem o assunto para um futuro remoto. Por isso se desajustam quando chega o tempo da separação.

"Onde está, ó morte, o teu aguilhão?" — pergunta o apóstolo Paulo (I Cor. 15:55), a demonstrar que a fé supera os temores e angústias da grande transição. O Espiritismo nos oferece recursos para encarar a morte com idêntica fortaleza de ânimo, inspirados, igualmente, na fé. Uma fé que não é arroubo de emoção. Uma fé lógica, racional, consciente. Uma fé inabalável de quem conhece e sabe o que o espera, esforçando-se para que o espere o melhor.

O CORPO ESPIRITUAL

— Desencarnar!... Parece coisa de açougueiro! — comentava, jocoso, um amigo, católico convicto.

E eu, no mesmo tom:

— O açougueiro descarna. A gente desencarna, sai da carne. Aliás, você é tão magro que provavelmente vai desensossar, sair dos ossos.

Curiosa a resistência à expressão desencarnar. Compreensível que o materialista não a aceite. Afinal, para ele tudo termina no túmulo... O mesmo não deveria ocorrer com as pessoas que aceitam a sobrevivência, adeptos de qualquer religião. Se concebemos que a individualidade sobrevive à morte física, ela se impõe para definir o processo que libera o Espírito da carne.

Imperioso para uma compreensão melhor do assunto considerar a existência do corpo espiritual ou perispírito, conforme explicam as questões 150 e 150-a de *O Livro dos Espíritos*.

"A alma, após a morte, conserva a sua individualidade?"

"Sim, jamais a perde. Que seria ela, se não a conservasse?"

"Como comprova a alma sua individualidade, uma vez que não tem mais corpo material?"

"Continua a ter um fluido que lhe é próprio, haurido na atmosfera do seu planeta, e que guarda a aparência de sua última encarnação: seu perispírito."

Bastante esclarecedoras são, também, as questões 135 e 135-a:

"Há no homem alguma outra coisa além da alma e do corpo?"

"Há o laço que liga a alma ao corpo."

"De que natureza é esse laço?"

"Semimaterial, isto é, de natureza intermédia entre o Espírito e o corpo. É preciso que seja assim para que os dois se possam comunicar um com o outro. Por meio desse laço é que o Espírito atua sobre a matéria e reciprocamente."

Comenta Kardec:

"O homem é, portanto, formado de três partes essenciais:

1º — O corpo ou ser material, análogo ao dos animais e animado pelo mesmo princípio vital;

2º — A alma, Espírito encarnado que tem no corpo a sua habitação;

3º — O princípio intermediário, ou perispírito, substância semimaterial que serve de primeiro envoltório ao Espírito e liga a alma ao corpo. Tais, num fruto, o gérmen, o perisperma e a casca."

Desde os tempos mais recuados os estudiosos admitem a existência de um corpo extracarnal, veículo de manifestação do Espírito no plano em que atua (no plano físico, ligando-o à carne; no plano espiritual, compatibilizando-o com as características e os seres da região onde se situe).

O apóstolo Paulo reporta-se ao perispírito quando diz, na II Epístola aos Coríntios (12:2 a 4): "Conheço um homem em Cristo, que há 14 anos (se no corpo não sei, se fora do corpo não sei: Deus o sabe), foi arrebatado até ao terceiro céu. E sei que o tal homem foi arrebatado ao paraíso e ouviu palavras inefáveis, de que ao homem não é lícito falar."

Enquanto a máquina física dormia, atendendo aos imperativos de descanso, Paulo, em corpo espiritual, deslocava-se rumo às Esferas Superiores, conduzido por mentores amigos, a fim de receber preciosas orientações. Tentando, talvez, definir a natureza de sua experiência, ele comenta, na I Epístola aos Coríntios (15:40): "Há corpos celestes e corpos terrestres."

Semelhantes deslocamentos não constituem privilégio dos santos. Todas as criaturas humanas o fazem, diariamente, durante o sono, com registros fugazes e fragmentários na forma de sonhos. Considere-se, entretanto, que a natureza dessas excursões é determinada pelas atividades na vigília. Por isso, o homem comum, preso a interesses imediatistas, configurando prazeres, vícios e ambições, a par de uma total indiferença pelo auto-aprimoramento espiritual e a disciplina das emoções, não tem a mínima condição para experiências sublimes como a de Paulo.

Todos "morremos", diariamente, durante o sono. Mas, para transitar com segurança e lucidez nas regiões além-túmulo, nessas horas, aproveitando integralmente as oportunidades de aprendizado, trabalho e edificação, é preciso cultivar os valores do espírito durante a vigília. Caso contrário estaremos tão à vontade no Plano Espiritual como peixes fora d'água.

CONCURSO ESPIRITUAL

A expressão "desligamento" define bem o processo desencarnatório. Para que o Espírito liberte-se deve ser desligado do corpo físico, já que permanecemos jungidos a ele por cordões fluídicos que sustentam nossa comunhão com a matéria.

Observadas as necessidades de especialização, como ocorre em qualquer atividade humana, há técnicos que se aproximam do desencarnante, promovendo, com recursos magnéticos, sua liberação. Somente indivíduos muito evoluídos, com grande desenvolvimento mental e espiritual, prescindem desse concurso. Isso significa que sempre contaremos com ajuda especializada na grande transição, a par da presença de amigos e familiares que nos antecederam.

Naturalmente, o apoio maior ou menor da Espiritualidade está subordinado aos méritos do desencarnante. Se virtuoso e digno merecerá atenção especial e tão logo seja consumada a desencarnação será conduzido a instituições assistenciais que favorecerão sua readaptação à Vida Espiritual. Já os que se comprometeram com o vício e o crime, despreocupados da disciplina e do discernimento, serão desligados no momento oportuno, mas permanecerão entregues à própria sorte, estagiando por tempo indeterminado no Umbral, faixa escura que circunda a Terra, formada pelas vibrações mentais de multidões de Espíritos encarnados e desencarnados dominados, ainda, por impulsos primitivos de animalidade.

A tradição religiosa consagrou a extrema-unção, em que um oficiante, com ritos e rezas, promove a absolvição do moribundo, em relação aos seus pecados, antecedida, sempre que possível, da confissão, garantindo-lhe um ingresso feliz no Além.

No entanto, a realidade mostrada pela Doutrina Espírita é bem diferente. Fórmulas verbais e ritualísticas não têm repercussão nenhuma nos domínios da Morte. O mesmo ocorre com o arrependimento formal, que reflete muito mais temor das sanções além-túmulo do que a consciência da própria indigência espiritual.

O filho pródigo, na inesquecível parábola de Jesus, permaneceu à distância do conforto do lar, em angustiante situação, até que "caiu em si", reconhecendo que vivia miseravelmente, enfrentando privações que não existiam nem mesmo para os servos mais humildes na casa paterna. Dispôs-se, então, a encetar a longa jornada de retorno. Para surpresa sua, foi recebido com júbilo imenso por seu pai.

Filhos de Deus, criados à Sua imagem e semelhança, dotados de Suas potencialidades criadoras, intrinsecamente destinados ao Bem, candidatamo-nos a longos estágios em regiões de sofrimento, além-túmulo, sempre que nos comprometamos com o Mal, até que, à semelhança do filho pródigo, reconheçamos nossa miséria moral e, sinceramente contritos, retornemos aos caminhos do Senhor, iniciando laboriosa jornada de renovação.

DESLIGAMENTO

A desencarnação, a maneira como o Espírito, com seu revestimento perispiritual, deixa o corpo, é inacessível à Ciência da Terra, em seu estágio atual de desenvolvimento, porquanto ocorre na dimensão espiritual, que nenhum instrumento científico, por mais sofisticado, tem conseguido devassar.

Ficamos, portanto, circunscritos às informações dos Espíritos, que esbarram nas dificuldades impostas por nossas limitações (algo como explicar o funcionamento do sistema endócrino a uma criança), e pela ausência de similitude (elementos de comparação entre os fenômenos biológicos e os espirituais).

Sem entrar, portanto, em detalhes técnicos, poder-se-ia dizer que o desencarne começa pelas extremidades e vai se completando na medida em que são desligados os cordões fluídicos que prendam o Espírito ao corpo.

Sabe-se que o moribundo apresenta mãos e pés frios, um fenômeno circulatório, porquanto o coração enfraquecido não consegue bombear adequadamente o sangue. Mas é também um fenômeno de desligamento. Na medida em que este se desenvolve, as áreas correspondentes deixam de receber a energia vital que emana do Espírito e sustenta a organização física.

No desdobramento desse processo, quando é desligado o cordão fluídico que prende o Espírito ao corpo, à altura do coração, este perde a sustentação perispiritual e deixa de funcionar. Cessa, então, a circulação sanguínea e a morte consuma-se em poucos minutos.

A Medicina dispõe hoje de amplos recursos para reanimar o paciente quando o coração entra em colapso. A massagem cardíaca, o choque elétrico, a aplicação intracardíaca de adrenalina, têm salvo milhares de vidas, quando aplicados imediatamente, antes que se degenerem as células cerebrais por falta de oxigenação.

Tais socorros são eficientes quando se trata de mero problema funcional, como o enfarte, um estrangulamento da irrigação sanguínea em determinada área do coração, em virtude de trombo ou de estreitamento da artéria. O enfarte pode implicar desencarne, mas nem sempre significa que chegou a hora da Morte, tanto que são freqüentes os casos em que a assistência médica recupera o paciente.

Se, entretanto, a parada cardíaca for determinada pelo desligamento do cordão fluídico, nenhum médico, por mais hábil, nenhum recurso da Medicina, por mais eficiente, operará o prodígio de reanimá-lo. O processo torna-se irreversível.

BALANÇO

A iminência da morte dispara um curioso processo de reminiscência. O moribundo revive, em curto espaço de tempo, as emoções de toda a existência, que se sucedem em sua mente como um prodigioso filme com imagens projetadas em velocidade vertiginosa.

É uma espécie de balanço existencial, um levantamento de débito e crédito na contabilidade divina, definindo a posição do Espírito ao retornar à Espiritualidade, em face de suas ações boas ou más, considerando-se que poderão favorecê-lo somente os valores que "as traças não roem nem os ladrões roubam", a que se referia Jesus, conquistados pelo esforço do Bem.

Trata-se de um mecanismo psicológico automático que pode ser disparado na intimidade da consciência sem que a morte seja consumada. São freqüentes os casos em que o "morto" ressuscita, espontaneamente ou mediante a mobilização de recursos variados.

Há médicos que vêm pesquisando o assunto, particularmente nos Estados Unidos, onde se destaca o doutor Raymond A. Moody Júnior, que no livro *Vida Depois da Vida* descreve experiências variadas de pessoas declaradas clinicamente mortas.

Vale destacar que esses relatos confirmam as informações da Doutrina Espírita. Os entrevistados reportam-se ao "balanço" de suas existências. Abordam, também, temas familiares aos espíritas, como: corpo espiritual ou perispírito; a dificuldade de perceber a condição de "morto"; o contato com benfeitores espirituais e familiares; a facilidade em "sentir" o que as pessoas estão pensando; a possibilidade de volitar, com incrível sensação de leveza; a visão dos despojos carnais e as impressões extremamente desagradáveis dos que tentaram o suicídio.

As pesquisas revelaram que tais fenômenos são freqüentes, envolvendo pacientes variados, e que estes geralmente silenciam a respeito, temendo ser julgados mentalmente debilitados.

Em *O Evangelho Segundo o Espiritismo*, Allan Kardec comenta que a universalidade dos princípios espíritas (concordância nas manifestações dos Espíritos, obtidas através de múltiplos médiuns em diversos países), garante sua autenticidade, já que seria impossível uma coincidência tão generalizada.

Da mesma forma a autenticidade das pesquisas do dr. Moody é demonstrada estatisticamente pelos relatos de centenas de pacientes que retornaram do Além, abordando os mesmos aspectos a que nos referimos, não obstante professarem diferentes concepções religiosas, situarem-se em variadas posições culturais e sociais e residirem em regiões diversas.

A experiência de reviver a própria existência em circunstâncias dramáticas pode representar para o redivivo uma preciosa advertência, conscientizando-o de que é preciso investir na própria renovação, a fim de não se situar "falido" no Plano Espiritual quando efetivamente chegar sua hora.

DIFICULDADES DO RETORNO

A progressiva debilidade do paciente, levando-o à inconsciência, representa uma espécie de anestesia geral para o Espírito que, com raras exceções, dorme para morrer, não tomando conhecimento da grande transição.

Indivíduos equilibrados, com ampla bagagem de realizações no campo do Bem, superam a "anestesia da morte", e podem perfeitamente acompanhar o trabalho dos técnicos espirituais. Isso poderá ocasionar-lhes algum constrangimento, como um paciente que presenciasse delicada intervenção cirúrgica em si mesmo, mas lhes favorecerá a integração na vida espiritual. Consumado o desligamento situar-se-ão plenamente conscientes, o que não ocorre com o homem comum que, dormindo para morrer, sente-se aturdido ao despertar, empolgado por impressões da vida material, particularmente aquelas relacionadas com as circunstâncias do desencarne.

Companheiros familiarizados com as manifestações de Espíritos sofredores, em reuniões mediúnicas, conhecem bem esse problema. Os comunicantes geralmente ignoram sua nova condição, queixam-se do descaso dos familiares, que não lhes dão atenção, sentindo-se perturbados e aflitos. Despreparados para a grande transição, não conseguem libertar-se das experiências da vida material, situam-se como peixes fora d'água ou mais exatamente como estranhos doentes mentais, vivendo num mundo de fantasia, na intimidade de si mesmos.

A dissipação desse turvamento mental pede concurso do Tempo. O amparo dos benfeitores espirituais e as preces de familiares e amigos podem apressar o esclarecimento, mas, fundamentalmente, este estará subordinado ao seu grau de comprometimento com as fantasias humanas e à capacidade de assimilar as novas realidades.

O despreparo para a Morte caracteriza multidões que regressam todos os dias, sem a mínima noção do que as espera, após decênios de indiferença pelos valores mais nobres. São pessoas que jamais meditaram sobre o significado da jornada terrestre, de onde vieram, por que estão no Mundo, qual o seu destino. Sem a bússola da fé e a bagagem das boas ações, situam-se perplexas e confusas.

Nesse aspecto, forçoso reconhecer no Espiritismo um abençoado curso de iniciação às realidades além-túmulo. O espírita, em face das informações amplas e precisas que recebe, certamente aportará com maior segurança no continente invisível, sem grandes problemas para identificar a nova situação, embora tais benefícios não lhe confiram o direito de ingresso em comunidades venturosas. Isso dependerá do que **fez** e não do que **sabe**.

O "balanço da morte" definirá se temos condições para "pagar" o ingresso em regiões alcandoradas com a moeda da virtude e o espírita certamente será convocado a desembolsar o "ágio do conhecimento", partindo-se do princípio lógico: mais se pedirá a quem mais houver recebido.

A MELHORA DA MORTE

Diante do agonizante o sentimento mais forte naqueles que se ligam a ele afetivamente é o de perda pessoal.

"Meu marido não pode morrer! Ele é o meu apoio, minha segurança!"

"Minha esposa querida! Não me deixe! Não poderei viver sem você!"

"Meu filho, meu filho! Não se vá! Você é muito jovem! Que será de minha velhice sem o seu amparo?"

Curiosamente, ninguém pensa no moribundo. Mesmo os que aceitam a vida além-túmulo multiplicam-se em vigílias e orações, recusando admitir a separação. Esse comportamento ultrapassa os limites da afetividade, desembocando no velho egoísmo humano, algo parecido com o presidiário que se recusa a aceitar a idéia de que seu companheiro de prisão vai ser libertado.

O exacerbamento da mágoa, em gestos de inconformação e desespero, gera fios fluídicos que tecem uma espécie de teia de retenção, a promover a sustentação artificial da vida física. Semelhantes vibrações não evitarão a morte. Apenas a retardarão, submetendo o desencarnante a uma carga maior de sofrimentos.

É natural que, diante de sério problema físico a se abater sobre alguém muito caro ao nosso coração, experimentemos apreensão e angústia. Imperioso, porém, que não resvalemos para a revolta e o desespero, que sempre complicam os problemas humanos, principalmente os relacionados com a morte.

Quando os familiares não aceitam a perspectiva da separação, formando a indesejável teia vibratória, os técnicos da Espiritualidade promovem, com recursos magnéticos, uma recuperação artificial do paciente que, "mais prá lá do que prá cá", surpreendentemente começa a melhorar, recobrando a lucidez e ensaiando algumas palavras...

Geralmente tal providência é desenvolvida na madrugada. Exaustos, mas aliviados, os "retentores" vão repousar, proclamando:

"Graças a Deus! O Senhor ouviu nossas preces!"

Aproveitando a trégua na vigília de retenção os benfeitores espirituais aceleram o processo desencarnatório e iniciam o desligamento. A morte vem colher mais um passageiro para o Além.

Raros os que consideram a necessidade de ajudar o desencarnante na traumatizante transição. Por isso é freqüente a utilização desse recurso da Espiritualidade, afastando aqueles que, além de não ajudar, atrapalham. Existe até um ditado popular a respeito do assunto: "Foi a melhora da morte! Melhorou para morrer!"

25

RECURSO INFALÍVEL

A morte, com raras exceções, é traumatizante. Afinal, o Espírito deixa um veículo de carne ao qual está tão intimamente associado que se lhe afigura, geralmente, parte indissociável de sua individualidade (ou toda ela para os materialistas).

Por outro lado, raros estão preparados para a jornada compulsória, quando deixamos a acanhada ilhota das percepções físicas rumo ao glorioso continente das realidades espirituais. Impregnados por interesses e preocupações materiais, os viajores enfrentam compreensíveis percalços.

Em tal circunstância, tanto o paciente que enfraquece paulatinamente, quanto os familiares em dolorosa vigília, podem valer-se de um recurso infalível: a oração.

Por suas características eminentemente espiritualizantes, representando um esforço por superar os condicionamentos da Terra para uma comunhão com o Céu, ela favorece uma "viagem" tranqüila para os que partem. Os que ficam encontram nela um lenitivo providencial que ameniza a sensação de perda pessoal, preenchendo o vazio que se abre em seus corações com a reconfortante presença de Deus, fonte abençoada de segurança, equilíbrio e serenidade em todas as situações.

Todavia, a eficiência da oração está subordinada a uma condição essencial: o sentimento. Se simplesmente repetimos palavras, em fórmulas verbais, caímos num processo mecânico inócuo. Só o coração consegue comunicar-se com Deus, dispensando verbalismo.

O próprio "Pai-Nosso", a sublime oração ensinada por Jesus, não é nenhum recurso mágico, cuja eficiência esteja subordinada à repetição. Trata-se de um roteiro relativo à nossa atitude na oração, iniciando-se com a orientação de que devemos estar muito confiantes, porque Deus é nosso pai, e termina ensinando que é preciso vencer o mal que existe em nós com o combate sistemático às tentações.

Destaque-se aquele incisivo "seja feita a vossa vontade, assim na Terra como no Céu", em que Jesus deixa bem claro que compete a Deus definir o que é melhor para nós. Em qualquer circunstância, particularmente na grande transição, se nutrirmos sentimentos de desespero e inconformação, sairemos do santuário da oração tão perturbados e aflitos como quando entramos.

Quando o desencarnante e seus familiares controlam as emoções, cultivando, em prece, sentimentos de confiança e contrição, os técnicos da Espiritualidade encontram facilidade para promover o desligamento, sem traumas maiores para o que parte, sem desequilíbrios para os que ficam.

AS DELONGAS DO DESLIGAMENTO

Morte física e desencarne não ocorrem simultaneamente. O indivíduo morre quando o coração deixa de funcionar! O Espírito desencarna quando se completa o desligamento, o que demanda algumas horas ou alguns dias.

Basicamente o Espírito permanece ligado ao corpo enquanto são muito fortes nele as impressões da existência física. Indivíduos materialistas, que fazem da jornada humana um fim em si, que não cogitam de objetivos superiores, que cultivam vícios e paixões, ficam retidos por mais tempo, até que a impregnação fluídica animalizada de que se revestem seja reduzida a níveis compatíveis com o desligamento.

Certamente os benfeitores espirituais podem fazê-lo de imediato, tão logo se dê o colapso do corpo. No entanto, não é aconselhável, porquanto o desencarnante teria dificuldades maiores para ajustar-se às realidades espirituais. O que aparentemente sugere um castigo para o indivíduo que não viveu existência condizente com os princípios da moral e da virtude, é apenas manifestação de misericórdia. Não obstante o constrangimento e as sensações desagradáveis que venha a enfrentar, na contemplação de seus despojos carnais em decomposição, tal circunstância é menos traumatizante do que o desligamento extemporâneo.

Há, a respeito da morte, concepções totalmente distanciadas da realidade. Quando alguém morre fulminado por um enfarte violento, costuma-se dizer:

"Que morte maravilhosa! Não sofreu nada!"

No entanto, é uma morte indesejável. Falecendo em plena vitalidade, salvo se altamente espiritualizado, ele terá problemas de desligamento e adaptação, pois serão muito fortes nele as impressões e interesses relacionados com a existência física.

Se a causa da morte é o câncer, após prolongados sofrimentos, em dores atrozes, com o paciente definhando lentamente, decompondo-se em vida, fala-se:

"Que morte horrível! Quanto sofrimento!"

Paradoxalmente, é uma boa morte. Doença prolongada é tratamento de beleza para o Espírito. As dores físicas atuam como inestimável recurso terapêutico, ajudando-o a superar as ilusões do Mundo, além de depurá-lo como válvulas de escoamento das impurezas morais. Destaque-se que o progressivo agravamento de sua condição torna o doente mais receptivo aos apelos da religião, aos benefícios da prece, às meditações sobre o destino humano. Por isso, quando a morte chega, ele está preparado e até a espera, sem apegos, sem temores.

Algo semelhante ocorre com as pessoas que desencarnam em idade avançada, cumpridos os prazos concedidos pela Providência Divina, e que mantiveram um comportamento disciplinado e virtuoso. Nelas a vida física extingue-se mansamente, como uma vela que bruxuleia e apaga, inteiramente gasta, proporcionando-lhes um retorno tranqüilo, sem maiores percalços.

TRAGÉDIAS

Multidões regressam à Espiritualidade, diariamente, envolvidas em circunstâncias trágicas: incêndios, desmoronamentos, terremotos, afogamentos, acidentes aéreos e automobilísticos...

"Por quê?" — questionam, angustiados os familiares.

A Doutrina Espírita demonstra que tais ocorrências estão associadas a experiências evolutivas. Não raro representam o resgate de dívidas cármicas contraídas com o exercício da violência no pretérito.

Todos "balançamos" quando nos vemos às voltas com mortes assim envolvendo nossos afetos. Muitos, desarvorados, mergulham em crises de desespero e revolta, reação compreensível ante o impacto inesperado. Somente o tempo, a fluir incessante, no desdobramento dos dias, amenizará suas mágoas, sugerindo um retorno à normalidade. A vida continua...

Considere-se, entretanto, que o desencarnado não pode esperar. Personagem central da tragédia, situa-se perplexo e confuso.

Embora amparado por benfeitores espirituais, enfrenta previsíveis dificuldades de adaptação, sentindo repercutir nele próprio as emoções dos familiares. Se estes cultivam reminiscências infelizes, detendo-se nos dolorosos pormenores do funesto acontecimento, fatalmente o levam a revivê-lo com perturbadora insistência. Imaginemos alguém vitimado num incêndio a reviver o inferno de chamas sob indução do pensamento inquieto e atormentado dos que não se conformam...

Nas manifestações desses Espíritos há uma tônica comum: o apelo para que os familiares retornem à normalidade e retomem suas atividades, desenvolvendo novos interesses, particularmente os relacionados com a prática do Bem, bálsamo divino para as dores da separação.

No livro *Vida no Além*, psicografia de Francisco Cândido Xavier, o Espírito do jovem Willian José Guagliardi, desencarnado juntamente com outros cinquenta e oito, num acidente com ônibus escolar que se precipitou num rio, em São José do Rio Preto, dirige-se à sua mãe, confortando-a. Dentre outras considerações, diz:

"Estou presente, rogando à senhora que me ajude com sua paciência. Tenho sofrido mais com as lágrimas da senhora do que mesmo com a libertação do corpo... Isso, Mamãe, porque a sua dor me prende à recordação de tudo o que sucedeu, e quando a senhora começa a perguntar como teria sido o desastre, no silêncio do seu desespero, sinto-me de novo na asfixia."

Evidente que não vamos cultivar fleumática tranquilidade, considerando natural que alguém muito amado parta tragicamente. Por mais ampla seja nossa compreensão, sofreremos muito. Talvez não exista angústia maior. Imperioso, contudo, que mantenhamos a serenidade, cultivando confiança em Deus, não por nós mesmos, mas, sobretudo, em benefício daquele que partiu. Mais do que nunca ele precisa de nossa ajuda.

FUGA COMPROMETEDORA

Sem dúvida, a mais trágica de todas as circunstâncias que envolvem a morte, de conseqüências devastadoras para o desencarnante, é o suicídio. Longe de enquadrar-se como expiação ou provação, no cumprimento de desígnios divinos, o auto-aniquilamento situa-se por desastrada fuga, uma porta falsa em que o indivíduo, julgando libertar-se de seus males, precipita-se em situação muito pior.

"O maior sofrimento da Terra não se compara ao nosso" — dizem, invariavelmente, suicidas que se manifestam em reuniões mediúnicas.

Tormentos indescritíveis desabam sobre eles a partir da consumação do gesto lamentável. Precipitados violentamente na Espiritualidade, em plena vitalidade física, revivem, ininterruptamente, por largo tempo, as dores e emoções dos últimos instantes, confinados em regiões tenebrosas onde, segundo a expressão evangélica, "há choro e ranger de dentes".

Um dos grandes problemas do suicida é o lesionamento do corpo perispiritual. Aqueles que morrem de forma violenta, em circunstâncias alheias à sua vontade, registram no perispírito marcas e impressões relacionadas com o tipo de desencarne que sofreram. São, entretanto, passageiras e tenderão a desaparecer tão logo ocorra sua plena reintegração na Vida Espiritual.

O mesmo não ocorre com o suicida, que exibe na organização perispiritual ferimentos correspondentes à agressão cometida contra o corpo físico. Se deu um tiro no cérebro terá grave lesão na região correspondente; se ingeriu soda cáustica experimentará extensa ulceração à altura do aparelho digestivo; se se atirou diante de um trem exibirá traumas generalizados.

Tais efeitos, que contribuem em grande parte para os sofrimentos do suicida, exigem, geralmente, um contato com nova estrutura carnal, na experiência reencarnatória, para serem superados. E fatalmente se refletirão nela. O tiro no cérebro originará dificuldades de raciocínio; a soda cáustica implicará graves deficiências no aparelho digestivo; o impacto violento sob as rodas do trem ensejará complexos quadros neurológicos...

Como ocorre em todos os casos de morte violenta, o suicida experimentará inevitável agravamento de seus padecimentos na medida em que a família mergulhe no desespero e na inconformação, exacerbados, não raro, por complexos de culpa.

"Ah! Se tivéssemos agido diferente! Se lhe déssemos mais atenção! Se procurássemos compreendê-lo!

Inútil conjecturar em torno de fato consumado. Diante de um ferido, em grave e inesperado desastre, seria contraproducente estarmos a imaginar que poderia não ter acontecido se agíssemos diferente. Aconteceu! Não pode ser mudado! Imperioso manter o equilíbrio e cuidar do paciente.

O mesmo ocorre com o suicida. Ele precisa, urgentemente, de auxílio. Indispensável que reajamos ao desespero e cultivemos a oração. Esta é o bálsamo confortador, o alento novo para seus padecimentos no Além, o grande recurso capaz de reerguê-lo.

E se nos parece desalentador atentar às prolongadas e penosas experiências do companheiro que partiu voluntariamente, consideremos que seus sofrimentos não serão inúteis. Representarão para ele um severo aprendizado, amadurecendo-o e habilitando-o a respeitar a Vida e a voltar-se para Deus.

MORTE DE CRIANÇAS

O desencarne na infância, mesmo em circunstâncias trágicas, é bem mais tranqüilo, porquanto nessa fase o Espírito permanece em estado de dormência e desperta lentamente para a existência terrestre. Somente a partir da adolescência é que entrará na plena posse de suas faculdades.

Alheio às contingências humanas ele se exime de envolvimento com vícios e paixões que tanto comprometem a experiência física e dificultam um retorno equilibrado à Vida Espiritual.

O problema maior é a teia de retenção, formada com intensidade, porquanto a morte de uma criança provoca grande comoção, até mesmo em pessoas não ligadas a ela diretamente. Símbolo da pureza e da inocência, alegria do presente e promessa para o futuro, o pequeno ser resume as esperanças dos adultos que se recusam a encarar a perspectiva de uma separação.

Em favor do desencarnante é preciso imitar atitude como a de Amaro, personagem do livro *Entre a Terra e o Céu*, do Espírito

André Luiz, psicografia de Francisco Cândido Xavier, diante do filho de um ano, desenganado pelo médico, a avizinhar-se da morte. Na madrugada, enquanto outros familiares dormem, ele permanece em vigília, meditando. Descreve o autor:

"A aurora começava a refletir-se no firmamento em largas riscas rubras, quando o ferroviário abandonou a meditação, aproximando-se do filhinho quase morto.

"Num gesto comovente de fé, retirou da parede velho crucifixo de madeira e colocou-o à cabeceira do agonizante. Em seguida, sentou-se no leito e acomodou o menino ao colo com especial ternura. Amparado espiritualmente por Odila*, que o enlaçava, demorou o olhar sobre a imagem do Cristo Crucificado e orou em alta voz:

"— Divino Jesus, compadece-te de nossas fraquezas!... Tenho meu espírito frágil para lidar com a morte! Dá-nos força e compreensão... Nossos filhos te pertencem, mas como nos dói restituí-los, quando a tua vontade no-los reclama de volta!...

"O pranto embargava-lhe a voz, mas o pai sofredor, demonstrando a sua imperiosa necessidade de oração, prosseguiu:

"— Se é de teu desígnio que o nosso filhinho parta, Senhor, recebe-o em teus braços de amor e luz! Concede-nos, porém, a precisa coragem para suportar, valorosamente, a nossa cruz de saudade e dor!... Dá-nos resignação, fé, esperança!... Auxilia-nos a entender-te os propósitos e que a tua vontade se cumpra hoje e sempre!...

"Jactos de safirina claridade escapavam-lhe do peito, envolvendo a criança, que, pouco a pouco, adormeceu.

"Júlio afastou-se do corpo de carne, abrigando-se nos braços de Odila, à maneira de um órfão que busca tépido ninho de carícias."

A atitude fervorosa de Amaro, sua profunda confiança em Jesus, sustenta-lhe o equilíbrio e favorece o retorno de Júlio, o filho muito amado, à pátria espiritual, **conforme estava previsto**.

---

* Amaro é casado em segundas núpcias. Odila é a primeira esposa, desencarnada.

POR QUE MORREM AS FLORES

Não há lugar para o acaso na existência humana. Deus não é um jogador de dados a distribuir alegria e tristeza, felicidade e infelicidade, saúde e enfermidade, vida e morte, aleatoriamente. Existem leis instituídas pelo Criador que disciplinam a evolução de Suas criaturas, oferecendo-lhes experiências compatíveis com suas necessidades.

Uma delas é a Reencarnação, a determinar que vivamos múltiplas existências na carne, quais alunos internados num educandário, periodicamente, para aprendizado específico.

O conhecimento reencarnatório nos permite desvendar os intrincados problemas do Destino. Deus sabe o que faz quando alguém retorna à Espiritualidade em plena floração infantil.

Há suicidas que reencarnam para jornada breve. Sua frustração, após longos e trabalhosos preparativos para o mergulho na carne, os ajudará a valorizar a existência humana e a superar a tendência de fugir de seus problemas com o auto-aniquilamento.

37

Ao mesmo tempo, o contato com a matéria representará um benéfico tratamento para os desajustes perispirituais provocados pelo tresloucado gesto. Crianças portadoras de graves problemas congênitos, que culminam com a desencarnação, enquadram-se perfeitamente nessa condição.

Poderão, se oportuno, reencarnar novamente na mesma família, passado algum tempo, em melhores condições de saúde e com mais ampla disposição para enfrentar as provações da Terra. Não raro, o filho que nasce após a morte de um irmão revela idêntico padrão de comportamento, com as mesmas reações e tendências.

"É igualzinho ao irmão que faleceu!" — comentam os familiares.

Igualzinho, não! É ele próprio de retorno para novo aprendizado...

Há, também, Espíritos evoluídos que reencarnam com o propósito de despertar impulsos de espiritualidade em velhos afeiçoados, seus pais e irmãos, ajudando-os a superar o imediatismo da vida terrestre.

Situam-se por crianças adoráveis, em face de sua posição evolutiva, extremamente simpáticas, inteligentes e amorosas. Os pais consagram-lhe extremado afeto, elegendo-as como principal motivação existencial. Sua desencarnação deixa-os perplexos, traumatizados.

Todavia, na medida em que emergem da lassidão e do desespero, experimentam abençoado desencanto das futilidades humanas e sentem o despertar de insuspeitada vocação para a religiosidade, no que são estimulados pelos próprios filhos que, invisíveis ao seu olhar, falam-lhes na intimidade do coração, na sintonia da saudade.

Os que se debruçam sobre o esquife de uma criança muito amada compreenderão um dia que a separação de hoje faz parte de um programa de maturação espiritual que lhes ensejará uma união mais íntima, uma felicidade mais ampla e duradoura no glorioso reencontro que **inelutavelmente ocorrerá**.

ABORTO

Após a fecundação do óvulo pelo espermatozóide o Espírito reencarnante é ligado ao embrião, constituindo um ser humano que habitará o ventre materno por nove meses, protegido em sua fragilidade até que possa enfrentar o mundo exterior. O aborto situa-se, assim, como uma desencarnação.

Se natural, quando o organismo materno não consegue sustentar o desenvolvimento da criança, configura uma provação relacionada com infrações às leis divinas, tanto para os genitores, que experimentam a frustração do anseio de paternidade (acresçam-se na mulher os sofrimentos e incômodos decorrentes da interrupção da gravidez), quanto para o reencarnante, que vê malogrado seu anseio de retorno à carne.

Já o aborto criminoso configura um crime hediondo, nem sempre passível de punição pela justiça humana (em alguns países a legislação faculta à mulher o direito de arrancar o filho de suas entranhas, matando-o), mas inexoravelmente sujeito às sanções da

Justiça Divina, a atingir não apenas a gestante, mas também os que direta ou indiretamente envolvem-se com ele (familiares que o sugerem e profissionais que o executam).

A mulher que assassina o filho indefeso na intimidade de si mesma, sob a alegação de que é dona de seu corpo, usa um sofisma materialista. Nosso corpo é um empréstimo de Deus para a jornada humana. Muito mais que direitos temos deveres vinculados ao seu uso. O primeiro é o de preservá-lo, utilizando-o disciplinadamente, com consciência de suas necessidades. O segundo é o de respeitar a vida gerada dentro dele, em obediência aos desígnios divinos, porquanto ao Criador compete decidir sobre os destinos da criatura.

A literatura espírita é pródiga em exemplos sobre as conseqüências funestas do aborto delituoso, que provoca na mulher graves desajustes perispirituais, a refletirem-se no corpo físico, na existência atual ou futura, na forma de câncer, esterilidade, infecções renitentes, frigidez...

Problemas dessa natureza, freqüentes na atualidade, demonstram com propriedade como está disseminada essa prática criminosa. Muitas mulheres chegam ao cúmulo de usar habitualmente substâncias químicas abortivas sempre que ocorre atraso menstrual, sem cogitar se estão grávidas. Semeiam aflições que fatalmente colherão...

No aborto natural o Espírito retorna à Espiritualidade sem maiores problemas. Bem tênues são os laços que o prendem ao corpo, não apenas por se tratar de início do processo reencarnatório, mas também em face do mal determinante do desencarne, que o situa como paciente terminal.

Consumada a desencarnação, o Espírito poderá reassumir sua personalidade anterior, voltando ao que era, com acréscimo da breve experiência. Se não detiver suficiente maturidade mental para isso, permanecerá na Espiritualidade como um recém-nascido, à espera do concurso do tempo, que o habilite a retomar a consciência de si mesmo, desenvolvendo-se como uma criança, ou preparando-se para um novo mergulho na carne.

No aborto criminoso a situação é mais complexa. O Espírito sofre o trauma provocado pela morte violenta, embora amenizado pelo fato de não estar comprometido com os enganos do mundo. Tratando-se de algo não programado, fruto da irresponsabilidade dos pais, sua frustração será maior.

A readaptação será semelhante à do Espírito vitimado pelo aborto natural. Considere-se, entretanto, que, se moralmente imaturo, sua expulsão poderá provocar nele acirrado rancor contra os pais, transformando-o em perseguidor implacável daqueles que recusaram conceder-lhe a oportunidade do recomeço.

Muitos males que afligem a mulher, após o crime do aborto, prolongando-se indefinidamente, não obstante os recursos da Medicina, nascem dessa influência.

CONSCIÊNCIA DO ERRO

O conhecimento espírita tem evitado que muitas mulheres comprometam-se no aborto provocado, esse "assassinato intra-uterino", mas constitui, também, um tormento para aquelas que o praticaram. Medo, remorso, angústia, depressão, são algumas de suas reações. Naturalmente isso ocorre sempre que somos informados do que nos espera em face de um comportamento desajustado.

No entanto, equivocados estão os que pretendem ver na Doutrina Espírita a reedição de doutrinas escatológicas fustigantes e anatematizadoras.

Estribando-se na lógica e no raciocínio e exaltando a liberdade de consciência, o Espiritismo não condena — esclarece; não ameaça — conscientiza. E muito mais que revelar o mal que há no homem, tem por objetivo ajudá-lo a encontrar o Bem.

Espíritos imaturos, comprometidos com leviandades e inconseqüências, somos todos, ou não estaríamos na Terra, planeta de

42

expiação e provas. Pesa sobre nossos ombros o passado delituoso, impondo-nos experiências dolorosas. Nem por isso devemos atravessar a existência cultivando complexos de culpa.

O que distingue a mulher que praticou o aborto é apenas uma localização no tempo. Ela se comprometeu hoje, tanto quanto todos nos comprometemos com males talvez mais graves, em vidas anteriores.

E se muitos estão resgatando seus crimes nas grades do sofrimento, com cobrança rigorosa da Justiça Divina, simplesmente porque nada fizeram a respeito, há que se considerar a possibilidade de nos redimirmos com o exercício do Bem.

"Misericórdia quero e não sacrifício" — diz Jesus, lembrando o profeta Oséias (Mateus, 9:13), a demonstrar que não precisamos nos flagelar ou esperar que a Lei Divina nos flagele para resgate de débitos. O exercício da misericórdia, no empenho do Bem, oferece-nos opção mais tranqüila.

A mulher que cometeu o crime do aborto pode perfeitamente renovar seu destino dispondo-se a trabalhar em favor da infância desvalida, em iniciativas como adoção de filhos, socorro a crianças carentes, trabalho voluntário em creches, berçários ou orfanatos...

Seu empenho nesse sentido proporcionar-lhe-á preciosa iniciação nas bênçãos da Caridade e do Amor, habilitando-a à renovação e ao reajuste, sem traumas e sem tormentos.

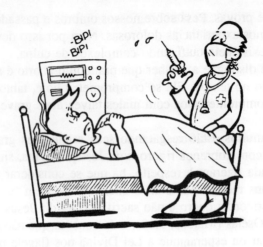

SOLUÇÃO INFELIZ

O termo eutanásia, cujo significado é "morte feliz", foi criado pelo filósofo Francis Bacon. Ele argumentava que o médico tem a responsabilidade de aliviar doenças e dores, não somente com a cura do mal, mas também proporcionando ao doente uma morte calma e fácil, se o problema for irreversível.

Embora universalmente considerada homicídio, a eutanásia conta com a benevolência da justiça quando aplicada em pacientes terminais atormentados por dores e aflições. São raríssimos os processos contra pessoas envolvidas nesse crime.

Em alguns países cogita-se de considerá-la simples ato médico com o consentimento do próprio doente ou de familiares, no piedoso propósito de abreviar seus padecimentos.

As religiões em geral manifestam-se contrárias à eutanásia, partindo de dois princípios fundamentais:

Primeiro: Compete a Deus, senhor de nossos destinos, promover nosso retorno à Espiritualidade. Na Tábua dos Dez Mandamentos Divinos, recebida por Moisés no Monte Sinai, onde estão os fundamentos da justiça humana, há a recomendação inequívoca: "Não matarás."

Segundo: Ninguém pode afirmar com absoluta segurança que um paciente está irremediavelmente condenado. A literatura médica é pródiga em exemplos de pacientes em estado desesperador que se recuperam.

O Espiritismo ratifica tais considerações e nos permite ir além, demonstrando que a eutanásia não só interrompe a depuração do Espírito encarnado pela enfermidade, como lhe impõe sérias dificuldades no retorno ao Plano Espiritual.

André Luiz aborda esse assunto no livro *Obreiros da Vida Eterna*, psicografia de Francisco Cândido Xavier, ao descrever o desencarne de Cavalcante, dedicado servidor do Bem, empolgado por injustificáveis temores da morte. Não obstante seus méritos e o amplo apoio dos amigos espirituais que o assistiam, ele simplesmente recusava-se a morrer, apegando-se à vida física com todas as forças de sua alma.

Com o moribundo inconsciente e sem nenhum familiar a consultar, o médico decide, arbitrariamente, abreviar seus padecimentos, aplicando-lhe dose letal de anestésico. Diz André Luiz:

"Em poucos instantes, o moribundo calou-se. Inteiriçaram-se-lhe os membros vagarosamente. Imobilizou-se a máscara facial. Fizeram-se vítreos os olhos móveis.

"Cavalcante, para o espectador comum, estava morto. Não para nós, entretanto. A personalidade desencarnante estava presa ao corpo inerte, em plena inconsciência e incapaz de qualquer reação."

Jerônimo, o mentor espiritual que acompanha André Luiz, explica:

"A carga fulminante da medicação de descanso, por atuar diretamente em todo o sistema nervoso, interessa os centros do organismo perispiritual. Cavalcante permanece, agora, colado a trilhões de células neutralizadas, dormentes, invadido, ele mesmo, de estranho torpor que o impossibilita de dar qualquer resposta ao nosso esforço. Provavelmente só poderemos libertá-lo depois de decorridas mais de doze horas."

Finalizando, o autor acentua:

"E, conforme a primeira suposição de Jerônimo, somente nos foi possível a libertação do recém-desencarnado quando já haviam transcorrido vinte horas, após serviço muito laborioso para nós. Ainda assim, Cavalcante não se retirou em condições favoráveis e animadoras. Apático, sonolento, desmemoriado, foi por nós conduzido ao asilo de Fabiano*, demonstrando necessitar de maiores cuidados."

Aplicada desde as culturas mais antigas, a eutanásia, longe de situar-se por "morte feliz", é uma solução infeliz para o paciente, além de se constituir em lamentável desrespeito aos desígnios de Deus.

---

* Instituição socorrista do Plano Espiritual.

VELHO TRAUMA

Recomendações:
— Só me enterrem quando começar a cheirar mal!...
— Não me sepultem. Quero ser cremado!...
— Cumpram rigorosamente o prazo de vinte e quatro horas para o enterro. Não importam as circunstâncias de minha morte!...

Em palestras sobre a morte, a pergunta freqüente:
— Se eu passar por um transe letárgico e despertar no túmulo, o que acontecerá comigo?

A resposta jocosa:
— Nada de especial. Simplesmente morrerá em poucos minutos, por falta de oxigênio.

Incrível a preocupação das pessoas com a possibilidade de serem enterradas vivas, alimentada por velhas lendas de cadáveres

47

estranhamente virados no esquife quando este é aberto, meses ou anos após a inumação.

Talvez fatos dessa natureza tenham ocorrido nos séculos passados, particularmente por ocasião de epidemias ou de batalhas, onde, diante da quantidade de corpos a serem sepultados, passava-se por cima desse elementar cuidado de verificar se o indivíduo estava realmente morto. Nossos ancestrais terão confundido, não raro, a letargia com a morte, condenando as vítimas de sua ignorância a um desencarne por asfixia.

Na atualidade é praticamente impossível enterrar alguém vivo, desde que a família peça a presença de um médico (o que no Brasil é imposto por lei, já que não se pode providenciar o sepultamento sem o atestado de óbito firmado por profissional da Medicina e este não pode fazê-lo sem o competente exame do defunto).

O médico constatará facilmente se o candidato ao atestado está realmente morto ou em estado letárgico. Na letargia não cessam as funções vitais. O organismo permanece em funcionamento, mas de forma latente, imperceptível à observação superficial.

Com o estetoscópio ele verificará tranqüilamente se há circulação sanguínea, sustentada pelos batimentos cardíacos. Se ocorre uma parada cardíaca a morte consuma-se em quatro minutos. O exame oftálmico também é conclusivo. Verificando-se a midríase, uma ampla dilatação da pupila, sem resposta aos estímulos luminosos, o falecimento está consumado.

Parece-nos que os temores a respeito do assunto têm origem em problemas de desligamento, já que é muito comum o Espírito permanecer preso ao corpo por algumas horas ou dias, após o sepultamento, por despreparo para a morte.

Considerando que certamente todos já passamos por essa desagradável experiência em vidas anteriores, guardamos nos refolhos da consciência traumas que se manifestam no temor de sermos enterrados vivos.

A compreensão dos mecanismos da morte, aliada à observância dos compromissos da vida, ajudar-nos-ão a superar essa incômoda herança de nossas desastradas experiências do passado.

CHEGOU A HORA?

"Só peru morre na véspera!" — diz o adágio popular, fazendo referência ao fato de que ninguém desencarna antes que chegue seu dia.

Na realidade ocorre o contrário. Poucos cumprem integralmente o tempo que lhes foi concedido. Com raras exceções, o homem terrestre atravessa a existência pressionando a máquina física, a comprometer sua estabilidade.

Destruímos o corpo de fora para dentro com os vícios, a intemperança, a indisciplina... O álcool, o fumo, o tóxico, os excessos alimentares, tanto quanto a ausência de exercícios, de cuidados de higiene e de repouso adequado, minam a resistência orgânica ao longo dos anos, abreviando a vida física.

Destruímos o corpo de dentro para fora com o cultivo de pensamentos negativos, idéias infelizes, sentimentos desequilibrantes, envolvendo ciúme, inveja, pessimismo, ódio, rancor, revolta... Há indivíduos tão habituados a reagir com irritação e agressividade, sempre que contrariados, que um dia "implodem" o coração em enfarte fulminante. Outros "afogam" o sistema imunológico num dilúvio de mágoas e ressentimentos, depressões e angústias, favorecendo a evolução de tumores cancerígenos.

Tais circunstâncias fatalmente implicarão problemas de adaptação, como ocorre com os suicidas. Embora a situação dos que desencarnam prematuramente em virtude de intemperança mental e física seja menos constrangedora, já que não pretendiam a morte, ainda assim responderão pelos prejuízos causados à máquina física, que repercutirão no perispírito, impondo-lhes penosas impressões.

Como sempre, tais desajustes refletir-se-ão no novo corpo, quando tornarem à experiência reencarnatória, originando deficiências e males variados que atuarão por indispensáveis recursos de reajuste.

Não somos proprietários de nosso corpo. Usamo-lo em caráter precário, como alguém que alugasse um automóvel para longa viagem. Há um programa a ser observado, incluindo roteiro, percurso, duração, manutenção. Se abusamos dele, acelerando-o com indisciplinas e tensões, envenenando-o com vícios, esquecendo os lubrificantes do otimismo e do bom ânimo, fatalmente ver-nos-emos às voltas com graves problemas mecânicos. Além de interromper a viagem, prejudicando o que fora planejado, seremos chamados a prestar contas dos danos provocados num veículo que não é nosso.

No futuro, em nova "viagem", provavelmente teremos um "calhambeque" com limitações variadas, a exigir maior soma de cuidados, impondo-nos benéficas disciplinas.

JOGO PERIGOSO

Há um jogo sinistro, de humor negro, atribuído aos soviéticos, denominado "roleta-russa". Sorteia-se o primeiro participante, que introduz uma bala num revólver. Em seguida gira aleatoriamente o tambor, encosta o cano nas têmporas e aciona o gatilho. Se ouvir um clique respirará aliviado e passará a arma ao parceiro. Este repetirá o ritual. Assim farão ambos, sucessivamente, até que um deles estoure os miolos.

Variante brasileira é a "roleta-paulista", praticada por jovens em São Paulo, há alguns decênios. Consistia em cruzarem vias preferenciais em alta velocidade, sem respeitar sinais de trânsito, montados em suas possantes motos. Ao sabor da sorte o motoqueiro poderia chegar incólume do outro lado ou arrebentar-se de encontro a um veículo.

Mortes dessa natureza não podem ser atribuídas à fatalidade. Tanto quanto os que pressionam o corpo com suas intemperanças, estes cultores da aventura regressam prematuramente à Espiritua-

51

lidade, expulsos do próprio corpo, após destruí-lo com sua inconseqüência. São suicidas inconscientes. Nunca pararam para pensar que acabariam se matando e que responderiam por isso.

Algo semelhante ocorre com milhares de pessoas, no mundo inteiro, que se espatifam nas estradas de rodagem, em acidentes fatais. Embora muitas dessas tragédias sejam cármicas, representando o resgate de velhos débitos, há aquelas que não estavam programadas. Aconteceram por imprudência.

Em qualquer setor de atividades há leis humanas e divinas a serem observadas. Nas estradas, as primeiras estabelecem limites de velocidade, faixas de trânsito, sinalização, locais de conversão, trechos para ultrapassagem. As segundas orientam o respeito à Vida, seja nossa ou do semelhante.

Sempre que deixamos de cumpri-las candidatamo-nos a acontecimentos funestos que complicam a existência, mormente quando envolvemos outras pessoas.

Somos artífices de nosso destino e o fazemos a curto, médio e longo prazo, no dia-a-dia, no desdobramento de nossas ações. Num momento de imprudência podemos complicar a vida física ou deixá-la antes do tempo.

Evidentemente tudo isso representa experiência, num planeta de expiação e provas como a Terra, onde a Sabedoria Divina harmoniza os eventos e aproveita até nossa inconseqüência para nos ensinar, porquanto sempre colhemos os frutos dela, aprendendo o que devemos ou não fazer.

No entanto, poderíamos aprender de forma mais suave, com prudência, orando e vigiando, segundo a expressão evangélica. Os que não o fazem jogam uma "roleta existencial", candidatando-se a problemas que poderiam ser evitados e a sofrimentos não programados.

VELÓRIO

Quando comparecemos a um velório cumprimos sagrado dever de solidariedade, oferecendo conforto à família. Infelizmente, tendemos a fazê-lo pela metade, com a presença física, ignorando o que poderíamos definir por compostura espiritual, a exprimir-se no respeito pelo ambiente e no empenho de ajudar o morto.

Superada a longa fase das carpideiras, em que obrigatoriamente a presença da morte era encarada como algo terrível a inspirar compulsórios sentimentos de dor, com a participação de lágrimas abundantes, fomos parar no extremo oposto em que, excetuados os familiares, os circunstantes parecem estar em oportuna reunião social, onde velhos amigos se reencontram, com o ensejo de "pôr a conversa em dia". Contam-se piadas, fala-se de futebol, política, sexo, modas... Ninguém se dá ao trabalho sequer de reduzir o volume da voz, numa zoeira incrível, principalmente ao aproximar-se o horário do sepultamento, quando o recinto acolhe maior número de pessoas.

O falecido é sempre lembrado, até com palavras elogiosas (em princípio todo morto é bom, conforme velha tradição humana), mas fatalmente as reminiscências desembocam em aspectos negativos de seu comportamento, gerando chistes e fofocas.

Imaginemos a situação desconfortante do Espírito, ainda ligado ao corpo, mergulhado num oceano de vibrações heterogêneas, "contribuição" lamentável de pessoas que comparecem em nome da amizade, mas agem como indisciplinados espectadores a dificultar a tarefa de diligente equipe de socorro no esforço por retirar um ferido dos escombros de uma casa que desabou...

Preso à residência temporária transformada em ruína física pela morte, o desencarnante, em estado de inconsciência, recebe o impacto dessas vibrações desrespeitosas e desajustantes que o atingem penosamente, particularmente as de caráter pessoal. Como se vivesse terrível pesadelo ele quer despertar, luta por readquirir o domínio do corpo, quedando-se angustiado e aflito.

Num velório concorrido, com expressivo acompanhamento ao túmulo, comenta-se:

"Que belo enterro! Quanta gente!"

No entanto, nem sempre o que nos parece agradável é bom, principalmente quando confrontamos a realidade física com a espiritual. Quanto maior o número de pessoas, mais heterogêneas as conversas, mais carregado o ambiente, maior o impacto sobre o falecido.

Há algum tempo estive num hospital providenciando o sepultamento de um indigente. Acertada a documentação necessária, o morto partiu para o cemitério no carro fúnebre, sem nenhum acompanhamento. Eu próprio não pude fazê-lo em virtude de obrigações profissionais.

"Que tristeza! Velório vazio! Enterro solitário!"

Espiritualmente, melhor assim. Não havia ninguém para atrapalhar e os benfeitores espirituais puderam realizar mais tranqüilamente sua tarefa, libertando o prisioneiro de acanhada prisão de carne para reconduzi-lo aos gloriosos horizontes espirituais.

VELÓRIO IDEAL

Comparecemos, certa feita, ao velório de um companheiro de Doutrina. Os familiares, espíritas também, perfeitamente conscientes dos problemas relacionados com o desligamento, ofereceram-lhe inestimável apoio e edificante exemplo de equilíbrio e compostura que sensibilizou muita gente.

Não havia nenhum aparato fúnebre. Apenas flores, muitas flores e música suave, convidando à meditação. Viúva e filhos recebiam as condolências com serenidade, vertendo lágrimas discretas, amenizando o transe de amargura com uma perfeita conformação aos Desígnios Divinos. Pedia-se silêncio e oração.

Por duas ou três vezes, no desdobramento das horas, eram lidos, em voz pausada, textos espíritas relacionados com a morte, destacando a situação do Espírito ainda ligado ao corpo, alertando os presentes de suas responsabilidades diante de alguém que, no limiar da Vida Espiritual, ave prestes a deixar a gaiola que a aprisiona, tem as asas ainda frágeis e compreensíveis inibições, problemas que podem ser agravados ou minimizados pelos circunstantes.

Antes que fosse cerrada a urna mortuária, no horário aprazado, alguém falou brevemente sobre o significado da morte, indevidamente situada como o fim da vida, quando é apenas um desdobramento dela, em horizontes mais amplos, inacessíveis ao olhar humano, destacando curiosa contradição:

Na dimensão física a sensação de perda pessoal, a atmosfera de tristeza, a dolorida saudade...

Na dimensão espiritual a alegria de familiares e amigos, antecipando o reencontro feliz...

Em seguida o expositor convidou à oração, dirigindo-se a Jesus, situando-o por divino intermediário do carinho e da solicitude de todos em favor do passageiro da Eternidade, desejando-lhe muita paz e um feliz regresso à Pátria Espiritual.

Quem conhece os problemas que envolvem o desencarne tem o indeclinável dever de contribuir para que os velórios transformem-se em ambientes de muito respeito e compostura.

Podemos fazê-lo a partir de nosso próprio exemplo. Sejamos comedidos. Cultivemos o silêncio, conversando, se necessário, em voz baixa, de forma edificante. Falemos do morto com discrição, evitando pressioná-lo com lembranças e emoções passíveis de perturbá-lo, principalmente se foram trágicas as circunstâncias de seu falecimento. E oremos muito em seu benefício...

Se não conseguirmos manter semelhante comportamento, melhor que nos retiremos, evitando engrossar o barulhento concerto de vozes e vibrações desrepeitosas que tanto atrapalham o morto.

EM FAVOR DELE*

Amigo.

Se cultivas um princípio religioso, sabes que a morte não é o fim. O Espírito eterno, com os potenciais de inteligência e sentimento que lhe definem a individualidade, simplesmente deixa o cárcere de carne, qual borboleta livre do casulo, rumo à amplidão.

Raros, entretanto, estão preparados para a grandiosa jornada. Poucos exercitam asas de virtude e desprendimento.

Natural, portanto, que o "morto" experimente dificuldades de adaptação à realidade espiritual, principalmente quando não conta com a cooperação daqueles que comparecem ao velório, no arrastar das horas que precedem o sepultamento.

---

* Distribuímos esta mensagem nos velórios de Bauru, com boa receptividade. Tendo em vista a heterogeneidade de crenças das pessoas presentes, evitamos alusões mais claras aos problemas de desligamento.

O burburinho das conversas vazias e dos comentários menos edificantes, bem como os desvarios da inconformação e o desequilíbrio da emoção, repercutem em sua consciência, impondo-lhe penosas impressões.

Se é alguém muito querido ao teu coração, considera que ele precisa de tua coragem e de tua confiança em Deus. Se não aceitas a separação, questionando os Desígnios Divinos, teu desespero o atinge, inclemente, qual devastador vendaval de angústias...

Se é o amigo que admiras, por quem nutres especial consideração, rende-lhe a homenagem do silêncio, respeitando a solene transição que lhe define novos rumos...

Se a tua presença inspira-se em deveres de solidariedade, oferece-lhe, na intimidade do coração, a caridade da prece singela e espontânea, sustentando-lhe o ânimo.

Lembra-te de que um dia também estarás de pés juntos, deitado numa urna mortuária e, ainda preso às impressões da vida física, desejarás, ardentemente, que te respeitem a memória e não conturbem teu desligamento, amparando-te com os valores do silêncio e da oração, da serenidade e da compreensão, a fim de que atravesses com segurança os umbrais da Vida Eterna...

A VESTE NO GUARDA-ROUPA

As cenas mais fortes dos filmes de horror, aquelas "de arrepiar", mostram, geralmente, urnas funerárias e cadáveres.

Os cineastas que exploram o medo mórbido e atávico da criatura humana em relação à morte, para atender os que cultivam o insólito prazer de levar sustos, ver-se-ão na contingência de escolher outros temas, na proporção em que compreendermos que o caixão fúnebre é apenas uma caixa de madeira forrada de pano e que o cadáver nada mais é que a vestimenta carnal de alguém que, após o estágio terrestre, regressou ao mundo de origem — o Plano Espiritual.

Seria ridículo sentir arrepios ao contemplar um guarda-roupa ou, dentro dele, o traje de um familiar ausente. No entanto, é exatamente isso que ocorre com muita gente em relação à morte. Conhecemos pessoas que, sistematicamente, recusam-se comparecer a velórios, refratárias a contatos com caixões e defuntos, mesmo quando se trate de familiares, dominadas por indefiníveis temores.

Provavelmente têm traumas relacionados com ocorrências trágicas no pretérito.

Para a grande maioria, entretanto, o problema tem origem na forma inadequada de encarar a grande transição, principalmente por um defeito de formação na idade infantil.

Lembro-me de que, nos meus verdes anos, várias vezes fui instado a beijar familiares mortos, o que fazia com constrangimento, avesso ao contato de meus lábios com a face fria, descorada e rígida de alguém que eu conhecera pleno de vida, com quem convivera e que agora quedava-se, inerte, solene, sombrio... E me deixava contagiar pelas lágrimas de desespero e doridas lamentações dos menos comedidos, sedimentando em minha cabeça a idéia de que a morte é algo de terrível e apavorante, uma infeliz imagem que somente na idade adulta, com o conhecimento espírita, consegui superar.

É preciso muito cuidado com as crianças, habituando-as à concepção de que somos seres espirituais eternos, usando uma veste de carne que um dia deixaremos, assim como se abandona um traje desgastado, após determinado tempo de uso.

É desta forma que o corpo sem vida deve ser mostrado à criança, quando se disponha a vê-lo, explicando-lhe, em imagens singelas, de acordo com seu entendimento, que o vovô, a titia, o papai ou qualquer familiar desencarnado foi morar em outro lugar, onde terá roupa nova e bem melhor.

Igualmente importante é o exemplo de serenidade e equilíbrio dos adultos, oferecendo aos pequenos uma visão mais adequada da morte, situando-a como a separação transitória de alguém que não morreu. Apenas partiu.

AVISOS DO ALÉM

O Doutor Flávio Pinheiro, dedicado médico espírita de Ibitinga, procurou-me.

— Richard, vim convidá-lo para um "ofício fúnebre".

— ?!

— Quero que "encomende minh'alma" pronunciando oração antes do sepultamento. E peça ao pessoal para não me perturbar com lamentações e tristezas.

— Que é isso, Doutor! O senhor não morrerá tão cedo! Tem muitas dívidas a resgatar!...

— Sim, meu caro amigo, sou um grande pecador. Só que vou desencarnar assim mesmo. Devo submeter-me a delicada e inadiável cirurgia cardíaca, em São Paulo, e tenho certeza de que estou de partida para a Espiritualidade.

Embora censurando seu pessimismo, concordei em atender à insistente solicitação.

Alguns dias depois fui convocado ao cumprimento da promessa. O Doutor Flávio Pinheiro falecera em plena cirurgia.

O casamento seria simples, sem festa. Apenas a presença de familiares e poucos amigos. Dentre estes a jovem noiva fazia questão de um muito querido: Caetano Aielo, velho lidador espírita de Bauru.
— Quanto tempo falta? — indagou o convidado.
— Três meses.
— Ah! Então não será possível...
— Vai fazer desfeita?! Brigo com o senhor! Sua presença é indispensável! Cancele outros compromissos!
— Este compromisso não posso cancelar, minha filha. O "pessoal lá de cima" vem me intuindo que em breve partirei...
Dois meses depois Caetano Aielo, que não tinha nenhum problema grave de saúde, adoeceu e, em poucos dias, faleceu.

☆ ☆ ☆

Temos aqui as famosas premonições. O indivíduo experimenta forte impressão quanto à iminência de um acontecimento (primeiro caso), ou sente-se informado a respeito dele (segundo caso).

Assim como muitos animais possuem determinados mecanismos que lhes permitem captar a proximidade de uma tempestade ou de um tremor de terra, antes que se manifeste, há pessoas dotadas de sensibilidade especial para prever ocorrências futuras. Isso é instintivo nelas.

Em relação à morte a premonição é freqüentemente disparada a partir da interferência de benfeitores espirituais, objetivando ajudar o candidato a desencarne e seus familiares. Embora possa ser assustadora, prepara psicologicamente as pessoas envolvidas em relação a acontecimentos que não as colherão desprevenidas, nem se constituirão em surpresa chocante.

Principalmente quando envolve desencarne trágico, como num acidente de trânsito, a informação premonitória é profundamente consoladora, permitindo à família compreender que não houve nada de fortuito, ocasional e, muito menos, indevido. Simplesmente cumpriram-se desígnios divinos, no instituto das provações humanas.

ESTRANHO CULTO

— Olá, passeando?
— Sim, visitarei meu filho...
— Como?! Ele não morreu?!
— Vou ao cemitério...

Este diálogo surrealista ocorre com freqüência. As pessoas dispõem-se a visitar os mortos no cemitério. Levam flores e cuidam com muito carinho do túmulo, a "última morada".

Determinados cultos religiosos chegam a orientar seus profitentes no sentido de levar-lhes alimentos. E há a tradicional queima de velas, para "iluminar os caminhos do além".

Certa vez, em minha infância, alguns companheiros e eu, garotos arteiros, fomos ao cemitério onde "afanamos" dezenas de velas, pretendendo usá-las em nossas brincadeiras.

Ao ter conhecimento da proeza, minha avó, uma velhinha italiana muito querida, zelosa das tradições religiosas, recolheu-as todas e, após admoestar-me com severidade pelo desrespeito, acendeu-as na varanda de nossa casa.

— Velas por intenção das Almas — explicou solene — devem queimar até o fim!

Dei graças aos Céus por vê-la desistir da idéia de obrigar-me a retornar ao cemitério, em plena noite, restituindo-as, acesas, aos "proprietários". Com a generosidade que lhe era peculiar, aceitou o argumento de que seria impossível identificar exatamente as sepulturas de onde as retiramos.

Há uma incrível deformação nas concepções a respeito do assunto. Muita gente não consegue assimilar plenamente a idéia de que o Espírito eterno segue seu destino no Plano Espiritual, deixando no cemitério apenas vestes carnais em decomposição, que nada têm a ver com sua individualidade, tanto quanto o terno de um indivíduo não é ele próprio.

A freqüência aos cemitérios configura-se, assim, como autêntico "culto aos cadáveres", que desaparecerá na proporção em que a criatura humana assimilar noções mais amplas sobre a vida espiritual.

Ressalte-se que quando pensamos intensamente naqueles que partiram é como se os evocássemos, trazendo-os até nós.

Não convertamos, portanto, as necrópoles em "salas de visita do além". Há locais mais aprazíveis para esse contato, principalmente para o "morto". Se ele desencarnou recentemente e ainda não está perfeitamente adaptado às novas realidades, sentir-se-á pouco à vontade na contemplação de seus despojos carnais.

FLORES DE SAUDADE

Se pretendemos cultuar a memória de familiares queridos, transferidos para o Além, elejamos o local ideal: nossa casa.

Usemos muitas flores para enfeitar a Vida, no aconchego do lar; nunca para exaltar a morte, na frieza do cemitério.

Eles preferirão, invariavelmente, receber nossa mensagem de carinho, pelo correio da saudade, sem selagem fúnebre.

É bom sentir saudade. Significa que há amor em nossos corações, o sentimento supremo que empresta significado e objetivo à existência.

Quando amamos de verdade, com aquele afeto puro e despojado, que tem nas mães o exemplo maior, sentimo-nos fortes e resolutos, dispostos a enfrentar o Mundo.

E talvez Deus tenha inventado a ilusão da morte para que superemos a tendência milenar de aprisionar o amor em círculos fechados de egoísmo familiar, ensinando-nos a cultivá-lo em plenitude, no esforço da fraternidade, do trabalho em favor do semelhante, que nos conduz às realizações mais nobres.

Não permitamos, assim, que a saudade se converta em motivo de angústia e opressão. Usemos os filtros da confiança e da fé, dulcificando-a com a compreensão de que as ligações afetivas não se encerram na sepultura. O Amor, essência da Vida, estende-se indestrutível, às moradas do Infinito, ponte sublime que sustenta, indelével, a comunhão entre a Terra e o Céu...

Há, pois, dois motivos para não cultivarmos tristeza:

Sentimos saudade — não estamos mortos...

Nossos amados não estão mortos — sentem saudade...

E se formos capazes de orar, contritos e serenos, nesses momentos de evocação, orvalhando as flores da saudade com a bênção da esperança, sentiremos a presença deles entre nós, envolvendo suavemente nossos corações com cariciosos perfumes de alegria e paz.

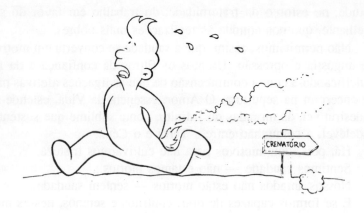

CREMAÇÃO

O medo de ser enterrado vivo induz muita gente a cogitar da própria cremação. Queima-se o cadáver evitando o problema. Mas há uma dúvida que inspira a pergunta mais freqüente nas palestras sobre a morte:

— Se no ato crematório eu ainda estiver preso ao corpo, o que acontecerá?

Nessas oportunidades, costumo dizer:

— Bem, no interior do forno a temperatura atinge mil e quatrocentos graus centígrados. Considerando que a água ferve a cem graus, podemos imaginar o que é isso. Fica tão quente que o próprio cadáver entra em combustão. Então, em meio às labaredas, se o falecido estiver imbuído de concepções teológicas medievais, imaginará, horrorizado: "Meu Deus! Estou no Inferno!"

Trata-se, evidentemente, de uma brincadeira para descontrair os presentes, ante tema tão fúnebre. Qualquer pessoa esclarecida, de qualquer religião, sabe que o Inferno de fogo, onde as almas ardem, em tormentos eternos, sem se consumirem, é uma fantasia desenvolvida em tempos recuados, quando os princípios religiosos impunham-se muito mais pelo medo do que pela lógica. Sabemos hoje que Céu ou Inferno não são locais geográficos. Existem na intimidade de cada um, em decorrência de nossas ações.

Objetivamente poderíamos responder à pergunta informando que se o Espírito estiver ligado ao corpo não sofrerá dores, porque o cadáver não transmite sensações ao Espírito, mas obviamente experimentará impressões extremamente desagradáveis, além do trauma decorrente de um desligamento violento e extemporâneo. Oportuno destacar algumas considerações de Emmanuel, no livro *O Consolador*, psicografia de Francisco Cândido Xavier:

"Na cremação, faz-se mister exercer a piedade com os cadáveres, procrastinando por mais horas o ato de destruição das vísceras materiais, pois, de certo modo, existem sempre muitos ecos de sensibilidade entre o Espírito desencarnado e o corpo, onde se extinguiu o "tônus vital", nas primeiras horas seqüentes ao desenlace, em vista dos fluidos orgânicos que ainda solicitam a alma para as sensações da existência material."

O próprio Chico, em entrevista na extinta televisão Tupi, em 1971, transmite nova informação de Emmanuel*: Deve-se esperar pelo menos setenta e duas horas para a cremação, tempo suficiente, ao que parece, para o desligamento, ressalvadas as exceções envolvendo suicidas ou pessoas muito presas aos vícios e aos interesses humanos.

Nos fornos crematórios de São Paulo espera-se o prazo legal de vinte e quatro horas. Não obstante, o regulamento permite que o cadáver permaneça em câmara frigorífica pelo tempo que a família desejar. Espíritas costumam pedir três dias. Há quem peça sete dias.

---

* Consta do livro *Chico Xavier — Dos Hippies aos Problemas do Mundo*, cap. 18.

Necessário reconhecer, todavia, que muito mais importante que semelhantes cuidados seria cultivarmos uma existência equilibrada, marcada pelo esforço da auto-renovação e da prática do Bem, a fim de que, em qualquer circunstância de nossa morte, libertemo-nos prontamente, sem traumas, sem preocupação com o destino de nosso corpo.

TRANSPLANTES

O avanço da Medicina em técnicas cirúrgicas e a descoberta de drogas que eliminam ou reduzem substancialmente os problemas de rejeição descerram horizontes muito amplos para o transplante de órgãos. Constituem rotina, atualmente, nos grandes centros médicos, os de córnea, ossos, pele, cartilagens e vasos; multiplicam-se os de coração, rim e fígado, considerados impossíveis há algumas décadas. Assim como os bancos de sangue, surgem os que se especializam em olhos, ossos, pele...

Considerando o fato de que o Espírito não se desprende imediatamente após a morte, surgem algumas dúvidas: Sentirá dores? Experimentará repercussões no perispírito? Quem doa seus olhos não sofrerá problemas de visão na Espiritualidade?

Normalmente o ato cirúrgico não implica dor para o desencarnante. Como já comentamos, a agonia impõe uma espécie de anestesia geral ao moribundo, com reflexos no Espírito, que tende a dormir nos momentos cruciais da grande transição. Ainda

71

que conserve a consciência, o corpo em colapso geralmente não transmite sensações de dor.

Não há, também, reflexos traumatizantes ou inibidores no corpo espiritual, em contrapartida à mutilação do corpo físico. O doador de olhos não retornará cego ao Além. Se assim fosse, que seria daqueles que têm o corpo consumido pelo fogo ou desintegrado numa explosão?

A integridade do perispírito está intimamente relacionada com a vida que levamos e não ao tipo de morte que sofremos ou à destinação de nossos despojos carnais.

Nesse aspecto, importante frisar sempre, a maior violência que nos afeta perispiritualmente, mergulhando-nos em infernos de angústia e dor, é o suicídio.

Não obstante, em relação aos transplantes há um problema a ser resolvido: tratando-se de órgãos vitais como o coração e o fígado, a cirurgia deve ter início tão logo ocorra a morte cerebral (quando o cérebro deixa de funcionar), antes que se consume a morte clínica, determinada pela parada cardíaca.

Essa prática equivale, a nosso ver, à eutanásia, porquanto nem sempre a morte clínica ocorre imediatamente após a morte cerebral.

Geralmente nesses transplantes são utilizados os órgãos de pessoas que sofreram acidentes, inclusive vasculares. Não há possibilidade de aproveitamento em pessoas que falecem por velhice ou vitimadas por moléstias de longo curso. Ora, em benefício do acidentado, é importante que, tendo ocorrido a morte cerebral, permita-se que a Natureza siga seu curso e que a morte clínica venha naturalmente. Algumas horas, dias ou semanas nessa situação, embora representem constrangimento e angústia para os familiares, ensejarão um desencarne menos traumatizante ao Espírito.

No futuro a Medicina desenvolverá, certamente, técnicas que permitam a retirada desses órgãos vitais para doação **após consumar-se** a morte, sem medidas drásticas passíveis de complicar o processo desencarnatório.

ABENÇOADA CARIDADE

Um dos transplantes mais simples, com problemas mínimos de rejeição e de resultados extremamente felizes, é o de córnea.

A cirurgia para retirada dos olhos do doador é rápida, não deixa marcas exteriores e pode ser realizada até seis horas após o óbito, o que evita o problema a que nos referimos no capítulo anterior.

Todos podemos doar nossos olhos, sem restrições quanto à idade ou às circunstâncias da morte. Desde que não estejam comprometidas por lesões, as córneas serão aproveitadas.

Para fazê-lo basta procurar um banco de olhos em nossa cidade (funciona geralmente em hospital), e efetuar a inscrição. Em cidades menores qualquer médico, oftalmologista de preferência, orientará a respeito.

Paralelamente, informemos os familiares sobre as providências, na eventualidade de nosso falecimento. Sobretudo, é preciso conscientizá-los de que não lhes compete contrariar nossas dispo-

73

sições a respeito do corpo que deixamos. Nossa vontade deve ser respeitada.

Esse cuidado é indispensável, porquanto alguém deverá dar o consentimento para a cirurgia e é muito comum que ninguém se disponha a fazê-lo. Prevalecem nessas ocasiões as superstições milenárias a respeito da morte. Muitos consideram uma profanação o aproveitamento de órgãos do defunto, dominados por velhos condicionamentos.

Além de constituir um exercício de coragem, rompendo com arraigados preconceitos, a doação dos olhos é um abençoado ato de caridade. Imaginemos nossa alegria na Espiritualidade, ao recebermos a notícia de que nossa modesta dádiva — pequena parte de uma veste em desuso — proporcionou a alguém o mais precioso de todos os tesouros: o dom de enxergar!

E não tenhamos dúvida de que haverá um cuidado mais amplo dos benfeitores espirituais, evitando que nossa generosidade implique qualquer constrangimento para nós, proporcionando-nos, ainda, condições para que mais facilmente superemos os problemas de adaptação às realidades de além-túmulo.

A esse propósito, oportuno destacar a experiência do jovem Wladimir Cezar Ranieri, descrita no livro *Amor e Saudade*, organizado por Rubens Sílvio Germinhasi, com mensagens psicografadas por Francisco Cândido Xavier.

Wladimir fez a doação de seus olhos, extraídos após morte motivada por um tiro que desfechou no peito. Transcrevemos trechos da mensagem do jovem suicida, dirigida aos pais, onde há referências aos benefícios que colheu como doador, não obstante o gesto tresloucado:

"Sei que entrei num pesadelo em que via o meu próprio sangue a rolar do peito como se aquele filete rubro não tivesse recursos de terminar."

"O suicida é um detento sem grades."

"Admito que os irmãos com problemas semelhantes aos meus se reconhecem presos sem algemas e sem cárcere, porque ninguém foge de si mesmo."

"Graças a Deus, melhorei da hemorragia incessante que me enlouquecia. Depois de algumas semanas de aflição, um médico apareceu com uma boa nova."

"Ele me disse que as preces de uma pessoa que se beneficiara com a córnea que doei ao Banco de Olhos se haviam transformado para mim num pequeno tampão que, colocado sobre o meu peito no lugar que o projétil atingira, fez cessar o fluxo do sangue imediatamente. Eu, que não fizera bem aos outros, que me omiti sempre na hora de servir, compreendi que o bem, mesmo feito involuntariamente por uma pessoa morta, é capaz de revigorar-nos as forças da existência."

CURIOSA OBSESSÃO

As tensões e mágoas decorrentes do falecimento de um ente querido, quando não são usados os abençoados recursos da prece e da aceitação, podem gerar problemas de saúde. Se recusamos buscar a normalidade, com o retorno às rotinas do dia-a-dia, cultivando a vocação de viver, fatalmente colhemos complicados desajustes físicos e psíquicos.

Por estranho que pareça, pode contribuir para tal situação a presença do falecido que, despreparado para as realidades de além-túmulo e desconhecendo seu estado, retorna ao lar, tendendo a associar-se mediunicamente aos componentes do grupo familiar. Daí a razão pela qual há pessoas que experimentam os mesmos sintomas do mal que o afligia. Se o falecimento foi decorrente de grave crise pulmonar, sentem dores no peito, opressão, falta de ar...

É que, em face da ligação estabelecida, o morto lhes transmite impressões não superadas, relacionadas com o final de sua existência, agindo como um sonâmbulo que fala e ouve, a perturbar-se porque ninguém lhe dá atenção.

O tratamento médico ajuda mas não resolve, porquanto atinge apenas efeitos, sem remover as causas. A Doutrina Espírita, que se apresenta numa vanguarda em relação ao assunto, oferece amplos recursos de auxílio às duas partes:

O encarnado beneficia-se no Centro Espírita com o passe magnético, a água fluidificada, a orientação de como encarar a morte e a visão objetiva da existência humana.

O desencarnado que, imantado ao doente, também comparece e recebe valiosa assistência dos benfeitores espirituais, destacando-se a manifestação mediúnica, quando, em contato com as energias físicas do médium, revigora-se e experimenta momentos de lucidez, como alguém que despertasse de longo sono, habilitando-se a ser esclarecido.

Desfaz-se, assim, o processo obsessivo movido involuntariamente pelo desencarnado, que apenas buscava socorro, amparo, atenção...

Ressalte-se que, não raro, ele é muito mais obsidiado que obsessor. Sem defesa e sem preparo para a vida espiritual, é atraído pelos familiares, quando estes se recusam a superar a angústia da separação, entrando num processo de fixação mental que o confunde e retém, mesmo quando se disponha a seguir seu caminho no Além.

Por isso, tão importante quanto esclarecer Espíritos que perturbam a família é doutrinar a família para que não perturbe os Espíritos.

O MAIS IMPORTANTE

Devemos informar o paciente terminal sobre sua situação? Não tem ele o direito de saber que é um condenado à morte? Que sua hora está próxima? Isso não o ajudaria a preparar-se para a grande transição? Difícil responder, porquanto raros dispõem-se a encarar o assunto com serenidade.

Medo, insegurança, apego à vida física e à família caracterizam as reações do homem comum diante da morte, criando-lhe sérios embaraços ao desligamento espiritual, como o morador de uma residência em ruínas que se recusasse a admitir a necessidade de deixá-la.

Nas situações mais críticas é comum o paciente iludir-se a si mesmo, alimentando a esperança de que vai melhorar. Isso ocorre até mesmo com pessoas inteligentes e cultas, com plena condição para compreender que estão no fim.

Integrando um grupo de assistência espiritual, visitei durante algum tempo um doente terminal. Tratava-se de um senhor de avançada idade, com gravíssimos problemas circulatórios. Não obstante enfraquecido e preso ao leito desde que sofrera o último espasmo cerebral, mostrava-se lúcido, recebendo com satisfação o estudo de *O Evangelho Segundo o Espiritismo*, as orações, o passe magnético, a água fluidificada.

Procurávamos, na apreciação da leitura, abordar o problema da morte, situando-a como uma carta de libertação para o Espírito. E destacávamos, delicadamente, que as pessoas idosas estão mais perto da grande transição e deveriam preparar-se para o retorno à Espiritualidade, cultivando desprendimento e confiança em Deus. Entretanto, o doente, embora impossibilitado de falar, movimentava vigorosamente a mão, respondendo com eloqüente mímica: "Não! Não pretendia morrer!"

Em outras oportunidades, no cuidado de familiares em idêntica situação, senti essa resistência. Nos momentos cruciais, já bem perto do fim, proclamavam a certeza de que o mal não era tão grave e que, com a ajuda de Deus, poderiam superá-lo.

Forçoso concluir que se o doente não quer admitir a precariedade de sua condição; se opõe resistência às perspectivas da própria morte, se tenta iludir-se com a idéia de sua recuperação, melhor não o contrariar.

Mais importante será oferecer-lhe carinho e atenção. Os dois extremos da vida são semelhantes. Assim como o recém-nascido, o desencarnante é extremamente dependente, tanto sob o ponto de vista físico como emocional. Precisa de cuidados e, sobretudo, deseja, desesperadamente, sentir que é amado, que se preocupam com ele, que não o consideram um peso.

Nada mais triste para o paciente terminal que a solidão, relegado a um leito de hospital, onde os afetos mais caros ao seu coração assumem a postura de visitas. Compareçem emocionados, sensibilizados com sua dor, mas apressados, com compromissos mil. Não compreendem que o seu compromisso maior é estar ao lado daquele Espírito prestes a deixar a Terra, oferecendo-lhe as bênçãos de sua presença, de sua solicitude, de sua consideração!

RAÍZES DE ESTABILIDADE

Segundo pesquisa realizada pela revista *Psychology Today*, o que as pessoas mais temem é o falecimento de um ente querido. Muita gente simplesmente recusa-se a cogitar dessa possibilidade, mesmo em relação a familiares idosos. Quanto aos filhos, nem pensar!...

Há uma tendência muito humana de estender raízes de estabilidade emocional essencialmente no solo da afetividade, envolvendo particularmente os familiares. Sentimo-nos mais seguros assim, dispostos a enfrentar as lutas da existência.

O problema é que, diante do falecimento de alguém muito caro ao seu coração, o indivíduo desequilibra-se, como se lhe faltasse o chão debaixo dos pés, e desaba em crises de desespero. Por longo tempo sente-se mutilado emocionalmente, sem apoio, sem ânimo, sem disposição para viver...

A fim de evitarmos tais prejuízos é imperioso que aprendamos a conviver com a morte, aceitando-a como experiência evolutiva própria do mundo em que vivemos e que, provavelmente, antes que ela nos venha buscar, levará, dentro de muitos anos ou de alguns dias, um ser amado.

Deveríamos ter sempre "um pé atrás", isto é, cogitar dessa possibilidade, sem morbidez, sem vocação para o pessimismo, apenas exercitando a capacidade de sermos realistas.

Não se trata de assumir fria racionalidade, reduzindo nossas afeições a meras peças que admitamos perder no jogo do destino, mas de buscarmos compreender os mecanismos da Vida, a fim de não nos sentirmos à margem dela, como se não houvesse mais razão para viver, porque o ser amado partiu.

Chegada e partida, convivência e solidão, união e separação, vida e morte, são antíteses existenciais que se repetem no relógio dos séculos, trabalhando nossa personalidade na dinâmica da evolução, de conformidade com os desígnios sábios e justos de Deus.

Por isso, em nosso próprio benefício, é imperioso que estendamos outras raízes de estabilidade emocional, a começar pelo empenho de cumprirmos as finalidades da jornada terrestre. A convivência com entes queridos é importante, mas representa apenas parte das motivações que devemos cultivar. Há outras, inadiáveis, fundamentais: o aprimoramento intelectual e moral, o esforço de auto-renovação, a participação ativa no meio social a serviço do Bem, o desenvolvimento de valores espirituais... Semelhantes iniciativas acendem em nosso peito a chama divina do ideal, que ilumina os caminhos, oferecendo-nos conforto e segurança em todas as situações.

Quando cultivamos o ideal, assumindo a condição de filhos de Deus, criados à Sua imagem e semelhança, desenvolvendo nossas potencialidades criadoras, tornamo-nos mais capazes de amar, relacionamo-nos melhor com os familiares, estreitamos laços de afinidade, mas o desprendimento marcará nossas efusões afetivas, permitindo-nos manter o equilíbrio e a serenidade quando a morte vier buscar alguém de nosso círculo íntimo.

JÓIAS DEVOLVIDAS

Existe uma palavra-chave para enfrentarmos com serenidade e equilíbrio a morte de um ente querido: submissão. Ela exprime a disposição de aceitar o inevitável, considerando que, acima dos desejos humanos, prevalece a vontade soberana de Deus, que nos oferece a experiência da morte em favor do aprimoramento de nossa vida.

A esse propósito, oportuno recordar antiga história oriental sobre um rabi, pregador religioso judeu que vivia muito feliz com sua virtuosa esposa e dois filhos admiráveis, rapazes inteligentes e ativos, amorosos e disciplinados.

Por força de suas atividades, certa vez o rabi ausentou-se por vários dias, em longa viagem. Neste ínterim, um grave acidente provocou a morte dos dois moços.

Podemos imaginar a dor daquela mãe!... Não obstante, era uma mulher forte. Apoiada na fé e na inabalável confiança em Deus, suportou valorosamente o impacto. Sua preocupação maior era o marido. Como transmitir-lhe a terrível notícia?!... Temia que uma comoção forte tivesse funestas conseqüências, porquanto ele era portador de perigosa insuficiência cardíaca. Orou muito, implorando a Deus uma inspiração. O Senhor não a deixou sem resposta...

Passados alguns dias o rabi retornou ao lar. Chegou à tarde, cansado após longa viagem, mas muito feliz. Abraçou carinhosamente a esposa e foi logo perguntando pelos filhos...

— Não se preocupe, meu querido. Eles virão depois. Vá banhar-se, enquanto preparo o lanche.

Pouco depois, sentados à mesa, permutavam comentários do cotidiano, naquele doce enlevo de cônjuges amorosos, após breve separação.

— E os meninos? Estão demorando!...

— Deixe os filhos... Quero que você me ajude a resolver grave problema...

— O que aconteceu? Notei que você está abatida!... Fale!... Resolveremos juntos, com a ajuda de Deus!...

— Quando você viajou, um amigo nosso procurou-me e confiou à minha guarda duas jóias de incalculável valor. São extraordinariamente preciosas! Nunca vi nada igual! O problema é esse: ele vem buscá-las e não estou com disposição de efetuar a devolução.

— Que é isso, mulher! Estou estranhando seu comportamento! Você nunca cultivou vaidades!...

— É que jamais vira jóias assim. São divinas, maravilhosas!...

— Mas não lhe pertencem...

— Não consigo aceitar a perspectiva de perdê-las!...

— Ninguém perde o que não possui. Retê-las equivaleria a roubo!

— Ajude-me!...

— Claro que o farei. Iremos juntos devolvê-las, hoje mesmo!

— Pois bem, meu querido, seja feita sua vontade. O tesouro será devolvido. Na verdade isso já foi feito. As jóias eram nossos filhos. Deus, que no-los concedeu por empréstimo, à nossa guarda, veio buscá-los!...

O rabi compreendeu a mensagem e, embora experimentando a angústia que aquela separação lhe impunha, superou reações mais fortes, passíveis de prejudicá-lo.

Marido e mulher abraçaram-se emocionados, misturando lágrimas que se derramavam por suas faces mansamente, sem burburinhos de revolta ou desespero, e pronunciaram, em uníssono, as santas palavras de Jó:

"Deus deu, Deus tirou. Bendito seja o Seu santo nome."

PASSAPORTE

"Aprende a bem viver e bem saberás morrer."

Confúcio

Após a apresentação da palestra sobre a morte, numa cidade do Rio Grande do Sul, quando eu respondia a perguntas do público, uma jovem comentou:

"O tema impressiona-me sobremaneira. Por isso compareci a esta reunião, mesmo não sendo espírita. Devo confessar, entretanto, que após seus esclarecimentos, eu, que sempre senti medo da morte, agora estou apavorada!..."

Felizmente essa pitoresca confissão é uma exceção. Como o medo da morte decorre, geralmente, da falta de informação, tenho constatado que muitas pessoas habilitam-se a encará-la com serenidade quando tomam conhecimento do assunto.

Imperioso reconhecer, entretanto, que somente nos livraremos em definitivo de temores e dúvidas quando nos ajustarmos às realidades espirituais descortinadas pela Doutrina Espírita, procurando definir o significado da experiência humana.

Espíritos eternos, transitoriamente encarcerados na carne, não podemos esquecer que nossa morada definitiva, legítima, situa-se no Plano Espiritual, onde ampliaremos nossos estágios na medida em que superarmos os imperativos de encarnação em mundos densos como a Terra, onde as dificuldades e limitações existentes funcionam como lixas necessárias a desbastar nossas imperfeições mais grosseiras.

Se fazemos da reencarnação uma estação de férias, marcada pelo acomodamento e pela indiferença; se a concebemos como um cassino para irresponsável jogo de emoções; se pretendemos um céu artificial sustentado por vícios e paixões; se cultivamos bem-estar e segurança no solo enganoso dos interesses imediatistas, alienados dos objetivos da existência, fatalmente sentiremos medo de morrer. Afinal, tudo isso ficará para trás. E algo nos diz, no mais íntimo de nosso ser, que nos será cobrado o comprometimento da vida e o despreparo para a morte.

Aqueles que transitam distraídos das finalidades da jornada reencarnatória constatarão, desalentados e tristes, que a morte, anjo libertador que deveria descortinar-lhes maravilhosos horizontes espirituais, apenas revela os pesados grilhões que colocaram em si mesmos, por fazerem da existência um exercício de inconsequência, procrastinando o esforço da própria renovação.

Em nosso benefício, é fundamental que desenvolvamos uma consciência de eternidade, reconhecendo que não somos meros aglomerados celulares dotados de inteligência, seres biológicos que surgiram no berço e desaparecerão, aniquilados, no túmulo.

Somos Espíritos eternos! Já existimos antes do berço e continuaremos a existir após o túmulo! É preciso viver em função dessa realidade, superando mesquinhas ilusões, a fim de que, livres e firmes, busquemos os valores inalienáveis da virtude e do conhecimento, nosso passaporte para as gloriosas moradas do infinito!

Difícil definir quando seremos convocados para o Além. A morte é como um ladrão. Ninguém sabe como, quando e onde virá. O ideal é estarmos sempre preparados, vivendo cada dia como se fosse o último, aproveitando integralmente o tempo que nos resta no esforço disciplinado e produtivo de quem oferece o melhor de si mesmo em favor da edificação humana. Então, sim, teremos um feliz retorno à pátria espiritual, como sugere o velho provérbio oriental:

"Quando nasceste todos sorriam, só tu choravas. Vive de tal forma que, quando morreres, todos chorem, só tu sorrias!"

Segunda Parte
VENCENDO A OBSESSÃO

"Abrindo novos horizontes a todas as ciências, o Espiritismo vem, também, esclarecer a questão muito obscura das doenças mentais, assinalando uma causa que, até agora, não era levada em conta; causa real, evidente, provada pela experiência e cuja verdade mais tarde será reconhecida. Mas como levar a admitir-se tal causa pelos que estão sempre dispostos a mandar para o hospício quem quer que tenha a fraqueza de acreditar que temos alma e que esta representa um papel nas funções vitais, sobrevive ao corpo e pode atuar sobre os vivos?"

Allan Kardec, em *A Obsessão*

A PRESENÇA DA NUVEM

Causa estranheza àqueles que não estão familiarizados com a Doutrina Espírita a questão nº 459 de *O Livro dos Espíritos*.

"Influem os Espíritos em nossos pensamentos e em nossos atos?"

"Muito mais do que imaginais. Influem a tal ponto, que de ordinário são eles que vos dirigem."

Viveremos rodeados de tantos Espíritos, dotados de poderes que os habilitam a condicionar nosso comportamento?
Pois é exatamente o que ocorre.
Não se trata de mera especulação.
Muito menos de invencionice.
Sobretudo, **não é novidade**.

Desde as culturas mais remotas vemos gente às voltas com influências espirituais. Disso nos dá conta o folclore de todas as culturas.

A riquíssima mitologia grega, povoada de deuses passionais que convivem com os homens, interferindo freqüentemente nos destinos humanos, é exemplo típico.

Os textos evangélicos revelam que Jesus conversava freqüentemente com os Espíritos, afastando os chamados impuros de suas vítimas.

— Que temos nós contigo, Jesus Nazareno? Vieste para perder-nos? — esta a reclamação de um perseguidor espiritual antes de ser afastado de sua vítima, conforme relata Lucas (4:31 a 37). E comenta o evangelista.

"Todos ficaram grandemente admirados e comentavam entre si, dizendo:

"Que palavra é esta, pois com autoridade e poder ordena aos Espíritos imundos e eles saem?"

Na primitiva comunidade cristã os discípulos de Jesus realizavam idêntico trabalho, de que nos dá conta o capítulo 5º, versículo 16, do livro "Atos dos Apóstolos":

"Afluía também muita gente das cidades vizinhas a Jerusalém, levando doentes e atormentados de Espíritos imundos, os quais eram todos curados."

A dúvida quanto a essa influência nasce da errônea concepção de que o mundo espiritual, a morada dos Espíritos, está situado em região distante da Terra e inacessível às cogitações humanas, quando ele é tão-somente uma projeção do plano físico. **Começa exatamente onde estamos.**

94

Assim, permanecem junto de nós aqueles que, libertando-se da carne pelo fenômeno da morte, permanecem presos aos interesses do imediatismo terrestre.

E gravitam em torno dos homens, obedecendo às mais variadas motivações:
Viciados procuram satisfazer o vício.
Vítimas intentam vingar-se de seus algozes.
Usurários defendem o ouro amoedado.
Ambiciosos pretendem sustentar dominação.
Fugitivos da luz trabalham em favor das sombras.
Famintos do sexo vampirizam sexólatras.
Gênios da maldade semeiam confusão.
Alienados da realidade espiritual perturbam familiares.

É toda uma imensa população invisível que nos acompanha e influencia, lembrando a observação do apóstolo Paulo, na Epístola aos Hebreus (12:1), segundo a qual somos rodeados por uma **nuvem de testemunhas**.

Muito mais que simplesmente presenciar nossas ações, transformam-nos, não raro, em instrumentos de seus desejos, manipulando-nos como se fôssemos marionetes.

CUSTÓDIO E O DIABO

Segundo a tradição religiosa, anjos são seres incorpóreos e imateriais, puros Espíritos que atuam como emissários divinos.

Custódio é o simpático anjo guardião, aquele que todo ser humano tem a **custodiá-lo**, oferecendo-lhe amparo e proteção.

Mas há também o **anjo mau**, o diabo, rebelado contra o Criador que, obstinado, intenta nossa perdição. Ver-nos em tormentos eternos seria sua mais gloriosa realização.

Aparentemente este tinhoso é mais arguto e capaz do que seu benevolente irmão. Basta observar como se disseminam facilmente na sociedade terrestre a ambição, a desonestidade, o vício, a mentira, a violência e tantos outros males que fazem a confusão do Mundo.

O tempo desgastou essas idéias.

Elas serviram aos interesses do passado, mas não atendem à racionalidade do presente quando, antes de crer, o Homem cogita de compreender.

Impossível aceitar um Deus de misericórdia infinita, como revela Jesus, que não ofereça infinitas oportunidades de reabilitação para os demônios e suas vítimas.

Como pode o Pai amoroso da expressão evangélica confinar seus filhos em grotesco e irremediável inferno, que contraria a dinâmica evolutiva do Universo?

☆ ☆ ☆

Admitamos que assim seja.
Que existam anjos e demônios a disputarem nossa Alma.
Como se estabelece a comunicação entre eles e nós?
Como assimilamos sua influência?
Forçosamente há um mecanismo distinto da palavra escrita e falada. São seres espirituais agindo sobre indivíduos de carne e osso.

Inútil especular a respeito do assunto enveredando pelo terreno enganoso da fantasia. Imperioso pesquisar, a partir do elemento visível — aquele que sofre a influência.

É o que faz a Doutrina Espírita demonstrando a existência da Mediunidade, o sexto sentido, que nos permite contatar o Mundo Espiritual, assim como o tato, o paladar, a audição, a visão e o olfato nos colocam em contato com o mundo físico.

☆ ☆ ☆

O Espiritismo vai Além.
Submetendo o fenômeno mediúnico a rigorosos métodos de experimentação, o que lhe permite superar crendices, mitos e superstições, demonstra que **anjos e demônios são apenas homens desencarnados**, as Almas dos mortos, agindo de conformidade com suas tendências.

São regidos, entretanto, por leis divinas que mais cedo ou mais tarde nos conduzirão **todos** à perfeição.

Esse o objetivo de Deus que, como ensinava Jesus, não quer perder nenhum de seus filhos.

E não perde **mesmo**.
Se perdesse, não seria o Onipotente.

TORCICOLO MENTAL

A contração dos músculos cervicais impõe dolorida torção ao pescoço. O paciente vê-se na contingência de não mover a cabeça, assumindo postura rígida, divertida para os que a apreciam, mas penosa para ele. Popularmente chama-se torcicolo.

A obsessão é uma espécie de **torcicolo mental**. O indivíduo sente-se dominado por determinados pensamentos ou sentimentos, como se sofresse uma paralisia da vontade que lhe impõe embaraços à apreciação serena e saudável das conjunturas existenciais.

O pensamento emperra num **círculo vicioso**, como um disco com defeito nos sulcos, a repetir indefinidamente pequeno trecho da gravação.

Resumindo: obsessão é **idéia fixa**.

☆ ☆ ☆

Eventualmente passamos todos por **momentos** obsessivos.

A dona de casa que interrompe o passeio, atormentada pela possibilidade de ter deixado o ferro ligado...

O motorista que retorna ao automóvel estacionado para confirmar que acionou o alarme antifurto...

A mãe noviça que acorda o bebê para verificar se está respirando...

Instala-se a obsessão quando não conseguimos superar nossas preocupações, assumindo um comportamento insólito e compulsivo, como lavar as mãos dezenas de vezes diariamente, a cada contato com objetos ou pessoas.

Em *O Livro dos Médiuns*, no capítulo XXIII, Allan Kardec usa o mesmo termo para definir a influência espiritual inferior que perturba o intercâmbio com o Além, comprometendo o trabalho mediúnico:

*"Entre os escolhos que apresenta a prática do Espiritismo, cumpre se coloque na primeira linha a **obsessão**, isto é, o domínio que alguns Espíritos logram adquirir sobre certas pessoas. Nunca é praticada senão pelos Espíritos inferiores, que procuram dominar. Os bons Espíritos nenhum constrangimento infligem. Aconselham, combatem a influência dos maus e, se não os ouvem, retiram-se. Os maus, ao contrário, se agarram àqueles de quem podem fazer suas presas. Se chegam a dominar algum, identificam-se com o Espírito deste e o conduzem como se fora verdadeira criança."*

Espiritismo não é sinônimo de manifestação mediúnica, embora o intercâmbio com o além esteja inserido na atividade espírita. Prática espírita, portanto, seria o empenho por aplicar e vivenciar a orientação doutrinária, não apenas nas reuniões mediúnicas, mas onde estivermos, no desdobramento de nossas iniciativas.

Assim, o termo obsessão tem uma extensão mais abrangente, já que em qualquer lugar ou atividade podemos ser envolvidos por influências espirituais desajustantes.

Kardec deixa isso bem claro, ao destacar no referido capítulo as motivações dos obsessores:

"As causas da obsessão variam, de acordo com o caráter do Espírito. É, às vezes, uma vingança que este toma de um indivíduo de quem guarda queixas do tempo de outra existência. Muitas vezes, também, não há mais do que o desejo de fazer mal; o Espírito, como sofre, entende de fazer que os outros sofram; encontra uma espécie de gozo em os atormentar, em os vexar, e a impaciência que por isso a vítima demonstra mais o exacerba, porque esse é o objetivo que colima, ao passo que a paciência o leva a cansar-se. Com o irritar-se, o mostrar-se despeitado, o perseguido faz exatamente o que quer o seu perseguidor. Esses Espíritos agem, não raro, por ódio e inveja do bem; daí o lançarem suas vistas malfazejas sobre as pessoas mais honestas. (...)"

Como ponto de partida para uma abordagem em torno do assunto é oportuno, indispensável mesmo, evocar novamente o Codificador, na mesma fonte:

*"A obsessão apresenta caracteres diversos, que é preciso distinguir e que resultam do grau de constrangimento e da natureza dos efeitos que produz. A palavra **obsessão** é, de certo modo, um termo genérico, pelo qual se designa esta espécie de fenômeno, cujas principais variedades são: **a obsessão simples, a fascinação e a subjugação.**"*

A partir dessa definição, convidamos o leitor a nos acompanhar nessa excursão em torno daquele que é um dos mais graves e subestimados problemas da existência terrestre: o domínio que os Espíritos inferiores exercem sobre as criaturas humanas.

MUITO SIMPLES

Parece-nos que Kardec emprega a expressão **simples** ao enunciar o primeiro tipo de obsessão, para situá-lo como algo **comum, freqüente**, a que poucas pessoas se furtam como ocorre com determinadas indisposições orgânicas.

Quanto às suas conseqüências, distanciam-se da **simplicidade**, assumindo, não raro, proporções devastadoras.

☆ ☆ ☆

Podemos usar aquele adjetivo também para caracterizar a estratégia dos obsessores.

Eles **simplesmente** incursionam na mente da vítima, pelos condutos da mediunidade, sugerindo pensamentos que visam acentuar suas preocupações, fobias, dúvidas, temores...

Resultado: uma extrema excitação que desajusta os centros nervosos. Isso não só lhe ameaça a estabilidade física e psíquica como a leva a adotar uma conduta irregular, ridícula, desarrazoada.

Como conseguem realizar semelhante proeza os assaltantes do além?

É **simples**:

Apenas exploram as deficiências morais da vítima, a fim de submetê-la à tensão e precipitá-la no desajuste.

Quanto mais longe conseguirem levar esse processo, mais amplo será o seu domínio.

Quanto mais o obsidiado render-se às suas sugestões, mais enleado estará.

☆ ☆ ☆

Aproximando-se de um comerciante, o obsessor infiltra-se em sua mente com dúvidas assim:

"Fechou a porta do estabelecimento?"

"O movimento do dia foi devidamente trancado no cofre?"

"Desligou a luz?"

"Verificou as janelas?"

Rendendo-se às primeiras sugestões, que logo serão seguidas de outras, infindavelmente, o comerciante breve estará repetindo intermináveis cuidados e verificações.

Conduta irregular, absurda — ele sabe disso —, mas não consegue evitar, porquanto está sendo explorada sua grande fixação: o apego aos bens materiais.

Se os interesses do comerciante fossem menos comprometidos com a avareza; se suas motivações girassem em torno de temas mais edificantes, aquelas idéias jamais seriam assimiladas. Não haveria nem sintonia nem receptividade para elas.

Importante destacar que o obsessor somente consegue semear a obsessão no campo fértil formado pelo objeto de nossas cogitações, de nossos desejos, quando exacerbados.

Por isso, a obsessão **simples** começa geralmente como **simples** auto-obsessão.

Empolgamo-nos com idéias infelizes e acabamos envolvidos com perseguidores invisíveis que acentuam nossa infelicidade.

INDESEJÁVEL CASAMENTO

Eu retornara de um ciclo de palestras.

Chegara tarde. Dormira pouco. Não obstante, levantara bem disposto. Fizera a habitual caminhada e desenvolvera minhas atividades diárias, com excelente disposição.

À tarde um amigo comentou:

— Você está com fisionomia abatida. Parece cansado. Algum problema?

Resposta negativa.

— É apenas impressão. Estou ótimo.

Estava.

A partir dali meu ânimo murchou.

Em casa, diante do espelho, vi-me com olheiras, fadiga tomando conta.

À noite o corpo pedia cama. Foi com muito esforço que compareci às tarefas habituais no Centro, lutando contra renitente indisposição.

☆ ☆ ☆

Incrível!

Simples observação inspirada na amizade, sem nenhuma intenção maldosa, evidenciando até preocupação com minha saúde, gerou a indesejável situação.

O episódio demonstra como a natureza humana é sugestionável. Raros possuem raízes de estabilidade emocional dentro de si mesmos. Nossos estados de ânimo flutuam ao sabor das influências que recebemos. Há até um princípio, em psicologia, segundo o qual as pessoas tendem a se comportar da maneira como as vemos.

☆ ☆ ☆

Imaginemos a sutilização dessa influência.
Não mais visível.
Algo que parece nascer dentro de nós mesmos. Voz interior, insistente, insidiosa, que se mistura aos nossos pensamentos, a alimentar temores e dúvidas relacionados com nosso bem-estar...

Temos aí uma das opções preferidas dos perseguidores espirituais, quando se dispõem a explorar, na obsessão simples, personalidades hipocondríacas.

☆ ☆ ☆

O paciente reclama:
— Doutor, meu problema é complicado. Nem sei por onde começar. Sinto-me um compêndio de patologia, tantos são os males que me afligem!... Pior é a facilidade para assimilar sintomas. Horroriza-me o contato com doentes. Logo começo a sentir algo de seus padecimentos. Jamais vou a velório. Saio com a sensação de que tenho a enfermidade que vitimou o defunto. Há duas semanas um amigo foi acometido por fulminante enfarte. Desde en-

tão experimento doloroso peso no peito, vendo-me na iminência de um colapso cardíaco!...

Esse é o tipo hipocondríaco, alguém excessivamente preocupado com a própria saúde, vítima fácil das sugestões das sombras.

Assim como o fazem com os indivíduos empolgados pela usura e a ambição, os obsessores exacerbam suas inquietações.

Se o vêem conversando com um tuberculoso, atacam:

"Cuidado! Os bacilos da tuberculose propagam-se facilmente. Você lhe deu a mão ao cumprimentá-lo. Vá lavá-la imediatamente. Desinfete-a."

Se após alguns dias a vítima sente ligeira fadiga, fruto de indisposição passageira, ou leve pontada nas costas, nascida de um golpe de ar, voltam à carga:

"Cuidado! Sua saúde está debilitada! É preciso procurar um médico! Submeter-se à radiografia dos pulmões!..."

Eis o obsidiado inteiramente apavorado. Equivale dizer: inteiramente dominado pelos obsessores.

Uma das conseqüências desse tipo de influência é o aparecimento de males físicos variados, resultantes de suas tensões e temores.

"Namorando" a doença, o obsidiado acaba "casando-se" com ela.

O obsessor é o "oficiante".

A INFLUÊNCIA MAIOR

No livro *Libertação*, psicografia de Francisco Cândido Xavier, o Espírito André Luiz reporta-se à experiência de uma senhora perseguida por dois obsessores que tinham duplo propósito:

Comprometer sua tarefa como médium e conturbar o trabalho de seu marido, dedicado dirigente espírita.

Exploravam-lhe as vacilações, incutindo-lhe a convicção de que as manifestações que transmitia eram fruto de sua própria mente.

Ao mesmo tempo atiçavam nela tendências ao ciúme, sugerindo que o marido usava sua posição para seduzir mulheres.

Eles entravam em contato com ela durante as horas de sono, quando as criaturas humanas experimentam o que Allan Kardec define como "emancipação da Alma".

Enquanto nosso corpo dorme, transitamos pelo Além, em contato com Espíritos que guardam afinidade conosco.

O marido, homem disciplinado e esclarecido, amigo das virtudes evangélicas, afasta-se do veículo físico e desenvolve atividades de aprendizado e trabalho, junto de benfeitores espirituais.

A esposa, imatura, frágil em suas convicções e dominada por impulsos exclusivistas, é presa fácil das sombras. Os obsessores conversam com ela, confundindo-a em relação ao seus compromissos mediúnicos e à fidelidade do marido.

Ao despertar, aquelas "orientações" repercutem em seu psiquismo, inspirando-lhe desânimo e indignação.

André Luiz presencia uma dessas sessões de aliciamento para a perturbação e registra o deplorável estado da médium ao despertar. "Oh! Como sou infeliz! — bradou, angustiada — estou sozinha, sozinha!"

O marido, inspirado por benfeitor espiritual, tem imenso trabalho para pacificá-la.

☆ ☆ ☆

Esse episódio oferece-nos uma visão mais ampla do "modus faciendi", a maneira de agir dos obsessores.

Geralmente imaginamos esses amigos da desordem colados às vítimas. Quais inarredáveis mastins a lhes morderem os calcanhares, exacerbam suas dúvidas, exploram suas mazelas, com o propósito de aprisioná-las na perturbação.

Não é bem assim.

A influência maior ocorre durante o sono.

Sem a proteção da armadura de carne que inibe as percepções espirituais das criaturas humanas, os obsessores conversam à vontade com elas.

Apresentando-se, não raro, como "amigos" e "protetores", conquistam sua confiança. Como se programassem sua mente, incutem-lhes idéias infelizes que martelarão seu cérebro durante a vigília, emergindo na forma de dúvidas, temores, angústias, impulsos desajustados e depressão.

☆ ☆ ☆

Seria equívoco situar as horas de sono como páginas em branco na existência humana.

São páginas escritas com tinta invisível, tão importantes quanto aquelas que escrevemos na vigília, com insuspeitada e ampla influência sobre nossos estados de ânimo, nossas idéias e sentimentos.

Imperioso, portanto, que não durmamos espiritualmente, enquanto acordados fisicamente.

Proclama a sabedoria popular:

"Dize-me com quem andas e te direi quem és."

Algo semelhante podemos dizer em relação ao trânsito no Além durante as horas de sono:

Dize-me como és e te direi com quem andas.

HEMORRAGIA ESPIRITUAL

Sentia fraqueza. Mais que isso, lassidão. Dores nas pernas, inapetência... Vontade irresistível de amontoar-se num canto, descansar...
Foi ao médico.
O exame de sangue revelou a causa: anemia.
Outros testes identificaram a origem: imperceptível e persistente hemorragia intestinal, produzida por ulceração indolor.
Por ali derramava-se sua vitalidade.

Algo semelhante ocorre com a vítima da obsessão simples.
Assimilando as sugestões do obsessor relacionadas com a saúde, os negócios, os sentimentos ou envolvendo problemas existenciais, o obsidiado passa a agir sob forte tensão, perdendo energias como se sofresse uma insidiosa **hemorragia espiritual**.

Por outro lado, há Espíritos presos às impressões da vida material que literalmente sugam as energias de suas vítimas com o propósito de se revitalizarem, lembrando a fantasia do vampiro bebedor de sangue popularizada pelo cinema.

Resultado:

Esgotamento nervoso, caracterizado por palpitações, angústia, dificuldade de concentração, desânimo. O obsidiado experimenta a sensação de carregar sobre os ombros os males do Mundo.

Alguém informa:

— É encosto! Procure o Centro Espírita.

Definição equivocada. O obsessor não está "encostado" em sua vítima. Apenas pressiona seu psiquismo pelo pensamento, explorando-lhe as mazelas.

Orientação correta. No Centro Espírita há amplos recursos que podem ser mobilizados em favor do obsidiado.

☆ ☆ ☆

A obsessão simples origina-se, não raro, na influência exercida por Espíritos que não intentam prejudicar. Perplexos no Além, recém-chegados das lides humanas, agarram-se às pessoas com as quais tenham afinidade, particularmente familiares, impondo-lhes o reflexo de seus desajustes.

Sustentam, assim, o que poderíamos denominar "obsessão pacífica".

Acompanhando o "encostado" são beneficiados no Centro Espírita, onde ouvem preleções nas reuniões públicas ou são encaminhados às reuniões mediúnicas que funcionam à maneira de prontos-socorros, desfazendo-se a ligação.

Por essa razão ouvimos freqüentemente comentários assim:

— Eu me sentia péssimo quando fui ao Centro. Idéias infelizes, horrível sensação de opressão. Agora estou muito bem. Foi como se tirassem com a mão...

PSICANÁLISE

Reclinado em confortável poltrona, o paciente fala longamente de sua vida pregressa, particularmente da infância e da adolescência.

O médico anota aquela enxurrada de informações. À maneira de perspicaz detetive, procura identificar a origem dos males que o afligem. Seriam recalques infantis? Frustrações da libido? Acidentes psicológicos? Traumas?...

Todas as possibilidades são analisadas exaustivamente pelo profissional, garimpando aquelas lembranças em busca da chave libertadora.

Descoberta a causa do mal, ele começaria a ser removido.

Temos aqui uma imagem clássica da psicanálise, segundo a teoria proposta por Sigmund Freud, seu genial criador.

Curiosamente, a vítima da obsessão simples pode encontrar a cura de seus padecimentos submentendo-se à terapia freudiana.

Uma negação dos princípios espíritas?
Ocorre exatamente o contrário.
O sucesso da psicanálise apenas **confirma** o Espiritismo.
A explicação é simples:
Iniciada a análise, estabelece-se uma disputa entre o médico e o obsessor.

O médico, usando a palavra articulada, procura induzir o paciente a reagir aos seus temores e angústias, conquistando a estabilidade emocional.

O obsessor, pelos condutos do pensamento, trata de sugestioná-lo para que permaneça no desequilíbrio.

Se o psicanalista possuir um poder de persuasão mais avantajado, provavelmente prevalecerá sua iniciativa, favorecendo a recuperação do paciente.

☆ ☆ ☆

Não obstante, a experiência tem demonstrado que os sucessos da psicanálise, envolvendo a obsessão simples, são precários.

Tão logo é suspenso o tratamento o obsessor volta a envolver o obsidiado, explorando-lhe as fraquezas e precipitando-o em novas crises.

Muita conversa e dinheiro desperdiçados porque o psicanalista, geralmente orientado por concepções materialistas, tem os olhos cerrados à realidade espiritual.

Conheci um especialista que, embora não fosse espírita, tinha plena consciência da precariedade da psicanálise diante da obsessão simples.

Sentindo-a presente, recomendava ao paciente que associasse as sessões de análise às reuniões espíritas. E dizia:

— Tome passes, meu filho. Ajuda no tratamento.

Raro exemplar de um douto que reconhecia suas limitações.

TERAPIA MOSAICA

Situar a Medicina como abençoado instrumento em favor da saúde humana é, como ressaltaria Nelson Rodrigues, o controvertido dramaturgo brasileiro, o "óbvio ululante".

A grande dificuldade é que os médicos, com raras exceções, vinculam-se ao materialismo. Mostram-se, por isso, incapazes de diagnósticos, prognósticos e terapias mais acertadas. Ignoram que muitos males dos pacientes têm origem espiritual, relacionando-se com desajustes de vidas passadas e pressões obsessivas da vida presente.

Segundo a ótica sarcástica de Voltaire, "receitam remédios de que sabem pouco para doenças de que sabem ainda menos, a pessoas de quem não sabem nada".

Principalmente no campo psíquico multiplicam-se escolas psicológicas e psicanalíticas, lideradas por profissionais respeitáveis que teorizam a partir de especulações.

Falta-lhes uma visão abrangente do universo interior do ser humano, com suas experiências milenárias, eivadas, não raro, de desastrosos comprometimentos com o vício e a rebeldia, a agressividade e o crime.

Divagavam os cientistas quando cogitavam das razões pelas quais os objetos caem quando perdem a sustentação, até que Newton enunciou a Lei da Gravitação Universal.

Divagam os médicos quando tentam definir por que as pessoas "caem" nos abismos das doenças mentais, por desconhecerem leis enunciadas por Allan Kardec, como Causa e Efeito, Reencarnação, Sintonia Mediúnica, que disciplinam nossa evolução.

☆ ☆ ☆

O mais lamentável é que cada terapeuta tende a interpretar "à moda da casa", pela ótica de suas limitações e desajustes, determinados princípios da escola a que se filiam, com orientação duvidosa e comprometedora.

Um paciente submeteu-se durante alguns meses a sessões semanais de análise. O psicoterapeuta enfatizava:

Emoção reprimida produz doença. É preciso "explodir" para fora para não "implodir" por dentro. Se o ofenderem, responda na mesma moeda. Grite com quem erga a voz. Não leve desaforo para casa, nem se curve jamais aos deseducados.

A título de ilustração vou contar-lhe uma experiência de caráter pessoal.

Certa feita encomendei móveis a um fabricante. Paguei uma entrada de vinte por cento. Havia prazo para a entrega. Não foi cumprido. Atraso de mais de três meses. Desisti da compra e pedi a devolução do dinheiro.

O fabricante recusou e queria reajustar o preço. Discutimos. Quase nos atracamos.

Contive-me, prometendo a mim mesmo que ele pagaria pelo prejuízo.

Na manhã seguinte passei pela fábrica. Na frente havia um "show room" com ampla vitrina.
Perguntei à jovem atendente:
— O patrão está?
— Não, senhor.
— Não tem ninguém?
— Só eu.
Era o que eu esperava. Aproximei-me e com a ponta do guarda-chuva apliquei violenta pancada na vitrina, que se fez em pedaços.
— Diga ao patrão que estive aqui. Acabo de cobrar parte de sua dívida.
Passadas algumas semanas, voltei.
Recebeu-me a mesma funcionária. Estava apavorada.
— Calma, menina. Só quero acertar um negócio com seu patrão.
— Ele não está.
— Ótimo!
Repeti a "operação". A vitrina desabou.
— Diga àquele safado que o resto da dívida foi cobrado...

Incrível!
Uma "psicanálise mosaica": olho por olho, dente por dente...
Muita gente faz estágios indesejados nas prisões por resolver assim suas pendências.

☆ ☆ ☆

Há um grande passo a ser dado pelas ciências psicológicas, sem o que jamais ultrapassarão estreitos limites, enveredando, não raro, por tortuosos caminhos.
Trata-se de reconhecer a existência de uma personalidade imortal, o Espírito, em jornada de progresso através de múltiplas

existências na carne, em gigantesca batalha contra suas próprias imperfeições.

Essa realidade está admiravelmente sintetizada na máxima atribuída a Allan Kardec:

"Nascer, viver, morrer, renascer ainda e progredir sempre. Esta é a Lei."

Prodígios serão realizados em favor da saúde humana quando a comunidade médica descobrir o Espírito.

INDESEJÁVEL LOCATÁRIO

Na obsessão simples o obsidiado permanece no pleno uso de suas faculdades mentais, conservando o discernimento.

Reconhece que sua conduta é irregular, não raro ridícula, como lavar repetidamente as mãos ou verificar à exaustão se trancou a porta ou desligou um aparelho elétrico.

A fascinação é mais envolvente.

Desenvolvida por hábeis obsessores, estes não se limitam ao bombardeio de idéias infelizes.

Atuando com sutileza e inteligência, tratam de convencer o obsidiado das fantasias que lhe sugerem.

É como se lhe colocassem óculos com lentes desajustadas, confundindo-lhe a visão.

Isso estabelece uma diferença fundamental entre os dois tipos de envolvimento:

Na obsessão simples o obsidiado sabe que está errado nos absurdos em que incorre.

117

Na fascinação ele não tem nenhuma dúvida de que está absolutamente certo.

☆ ☆ ☆

Uma comparação com a terminologia médica:
A vítima da obsessão simples situa-se numa neurose.
Neurótico é aquele cidadão dominado por insuperáveis preocupações.
Sabe que dois mais dois fazem quatro.
No entanto, debruça-se sobre a possibilidade de não ser esse o resultado.
— E se for cinco?
Perderá muito tempo nessa "transcendente" questão.
Psicótico é aquele indivíduo que não guarda nenhuma dúvida quanto ao resultado daquela operação:
— Dois mais dois fazem cinco!
Afastou-se da realidade.
Desligou o desconfiômetro.

Diz Jerome Lawrence, dramaturgo norte-americano:

O neurótico constrói um castelo no ar.
O psicótico mora nele.

E acentua, mordaz, referindo-se às sessões terapêuticas:

O psiquiatra cobra o aluguel.

Nas duas formas de envolvimento espiritual o obsessor situa-se como funesto locatário de nossa casa mental. Paga-nos indesejável aluguel de inquietações e desajustes.

FASCINAÇÃO AMOROSA

Só pensava nela.
Cérebro em circuito fechado.
A jovem namorada, de estonteante beleza, ocupava-lhe todos os espaços mentais.
Última lembrança ao dormir.
A primeira, ao despertar.
Levantava-se com ela, passava o dia pensando nela, por ela suspirava...
Em seus devaneios imaginava-se a retê-la em seus braços, aspirando seu perfume, cobrindo-a de carícias, fundindo-se ambos em ardentes abraços.
Às vezes desligava-se.
Eram momentos fugidios, como breves intervalos separando músicas num disco.
Logo recuperava-lhe a imagem, assustado como quem houvesse sofrido a perda da respiração por momentos.

119

Contava os dias e as horas que os separavam.

A seu lado pedia a Deus que parasse o relógio do tempo, a fim de que pudesse desfrutar indefinidamente a ventura de sua presença.

Sempre acontecia o inverso:

Juntos, as horas ganhavam asas.

Separados, fluíam com a lentidão das tartarugas.

Com incontáveis variações, encontramos na literatura universal envolvimentos passionais semelhantes.

Um paraíso, quando tudo corre bem.

Um inferno, se surgem problemas.

Semelhantes experiências situam-se nos domínios da fascinação quando, a partir da atração física, instala-se o desejo irrefreável de comunhão carnal, em paroxismos passionais.

George Bernard Shaw, teatrólogo inglês, dizia, referindo-se ao casamento, que um dos paradoxos da sociedade humana é que pessoas apaixonadas são obrigadas a jurar que continuarão naquele estado excitado, anormal e tresloucado até que a morte as separe.

Muitas uniões efêmeras ocorrem a partir de envolvimentos passionais, principalmente entre jovens, empolgados por recíproca fascinação, quando se rendem ao domínio dos hormônios.

Justamente por inspirar-se nos instintos, a fascinação amorosa é a mais freqüente, responsável por casamentos precipitados, adultérios, separações, crimes e tragédias sem fim.

Proclama a sabedoria popular que a paixão é cega, o que exprime uma realidade. Paixão e bom senso raramente seguem juntos.

Por isso os Espíritos obsessores estimam envolver as pessoas passionais, torturando-as com anseios amorosos irrealizáveis ou usando-as para exercer sua ação nefasta, criando estranhas e perigosas situações.

TERRENO FÉRTIL

Quando obsessores de atilada inteligência pretendem afastar líderes religiosos de suas tarefas, nunca descartam a fascinação afetiva, explorando suas tendências.

No meio espírita vemos respeitáveis chefes de família, com responsabilidade na direção de instituições, envolvendo-se em perturbadoras experiências passionais patrocinadas por agentes das sombras.

Desertam de compromissos conjugais e espirituais julgando atender ao glorioso chamamento do amor, ao lado de "almas gêmeas". Aprendem à custa de penosas frustrações que o amor legítimo jamais comete o desatino de sobrepor-se ao dever.

Quando não encontram receptividade naqueles que pretendem transviar, os obsessores impõem-lhes embaraços envolvendo gente próxima.

121

Exemplo marcante neste particular ocorreu com o apóstolo Paulo, narrado pelo Espírito Emmanuel, no livro *Paulo e Estêvão*, psicografia de Francisco Cândico Xavier.

Em uma de suas viagens missionárias Paulo esteve em Icônio, cidade da Ásia Menor, onde, com sua palavra vibrante e esclarecedora, a par das curas que operava, fez muitos adeptos.

Ali fundou uma igreja cristã, não obstante a resistência de rica comunidade judaica, intransigente na defesa de Moisés.

O trabalho seguia firme e produtivo quando uma jovem noiva, dócil à influência de obsessores que combatiam o Cristianismo, tomou-se de amores por ele. Com isso afastava-se do noivo, que via com estranheza e irritação aquela situação.

Certa feita a jovem pediu-lhe entrevista reservada e, com grande surpresa do apóstolo, falou-lhe de sua paixão.

Paulo tentou explicar-lhe, inutilmente, que era simples servidor de Cristo, empenhado na disseminação de seus princípios, um homem frágil e falível que não deteria nenhum encanto para ela.

Em dado momento surge o noivo que, exaltado e se sentindo traído, entrou em discussão com a jovem. Mal-humorada ela reiterava seus propósitos de ligar-se afetivamente ao servidor do Cristo.

O apóstolo tentou explicar:

"— Amigo, não te acabrunhes nem te exaltes, em face dos sucessos que se originam de profundas incompreensões. Tua noiva está simplesmente enferma. Estamos anunciando o Cristo, mas o Salvador tem os seus inimigos ocultos em toda parte, como a luz tem por inimiga a treva permanente. Mas a luz vence a treva de qualquer natureza. Iniciamos o labor missionário nesta cidade, sem grandes obstáculos. Os judeus nos ridicularizam e, todavia, nada encontraram em nossos atos que justifique a perseguição declarada. Os gentios nos abraçam com amor. Nosso esforço desenvolve-se pacificamente e nada nos induz ao desânimo. Os adversários invisíveis, da verdade e do bem, certo se lembraram de influenciar esta pobre criança, para fazê-la instrumento pertur-

bador de nossa tarefa. É possível que não me compreendas de pronto; no entanto, a realidade não é outra."

De nada valem as ponderações de Paulo. O noivo, transtornado, passa a insultá-lo, situando-o por mistificador e sedutor de jovens ingênuas.

O caso assumiu proporções de grande escândalo.

As autoridades religiosas de Icônio usaram daquele pretexto para providenciar a prisão de Paulo, impondo-lhe o suplício dos trinta e nove açoites.

A semeadura fora feita e floresceria em corações sensíveis, mas o grande servidor do Cristo foi obrigado a deixar a cidade, ante a pressão exercida pelas sombras que se utilizaram de uma jovem invigilante, envolvida nas teias da fascinação afetiva.

A ASSISTIDA INSISTENTE

Era um jovem trabalhador da seara espírita a quem chamaremos Ricardo.

Solteiro, dedicava suas horas ao serviço assistencial e às reuniões doutrinárias.

Integrado num dos grupos de visitação, comparecia a bairro humilde, atendendo famílias paupérrimas.

Dentre elas, sofredora mãe de vários filhos, que enfrentava sérios problemas com o marido alcoólatra.

Encaminhada ao Centro, freqüentava reuniões em que Ricardo lia e comentava livros espíritas.

Era admirável a assiduidade e o interesse dela, embora notoriamente não estivesse assimilando quase nada, em face de suas poucas letras.

No retorno ao lar, em companhia de sua mãe, Ricardo era invariavelmente procurado pela assistida, que lhe pedia explicações sobre o estudo da noite. Acabava seguindo com eles até as proximidades do local onde tomava seu ônibus.

Aquela insistência começou a incomodar Ricardo. Pior: ficou preocupado. Ela parecia ver nele algo mais que simples servidor da casa espírita.

Passou a evitá-la. Deixou de participar das visitas ao seu barraco. Esquivava-se quando tentava falar com ele.

Ela reagiu à semelhança da jovem apaixonada pelo apóstolo Paulo. Pediu uma entrevista em particular, confessando que lhe devotava imenso amor. Guardava a certeza de que era correspondida.

Ricardo explicou-lhe que laborava em perigoso engano. Não alimentava qualquer pretensão a seu respeito. Não lhe prestara benefícios em caráter pessoal. Fora apenas um intermediário. Advertiu-a quanto ao seus compromissos conjugais. Que respeitasse o marido e os filhos.

Clamou no deserto.

Ela não entendeu nada. Sua única certeza era de que havia uma ligação muito forte entre ambos e que nada haveria de separá-los.

Passou a assediá-lo. Aproximava-se onde estivesse, na rua com amigos, no Centro, no local de trabalho, imiscuindo-se e causando-lhe sérios embaraços.

☆ ☆ ☆

O assunto foi levado à direção do Centro. Um grupo de diretores encarregou-se de aconselhá-la. Era preciso modificar seu comportamento ou deixaria de receber ajuda. Haveria prejuízos para ela e a família.

Não se abalou:

— Façam como quiserem. Não me afastarei. Ele é meu!

125

Tomando conhecimento do problema, um delegado de polícia tentou intimidá-la. Falou-lhe duramente. Seria presa se não deixasse Ricardo em paz.

Com a coragem dos insanos, enfrentou a autoridade:

— Pode me prender. Não vai adiantar. Ele é meu!

Um juiz espírita foi solicitado a colaborar. Determinou que a viatura policial a recolhesse em sua casa, levando-a ao Fórum. Ameaçou-a de processo. Perderia a casa, a família, os filhos...

E ela, inabalável:

— Isso não mudará nada. Ele é meu!

☆ ☆ ☆

Não fosse tão inconveniente, a situação seria até cômica.

Não faltaram companheiros que pilheriavam:

— Ricardo, Ricardo! Toma juízo, menino! Andou seduzindo a pobre mulher e agora quer escapar de fininho!

Só por brincadeira.

Prematuramente envelhecida, exibindo sorriso desdentado, expressão abatida, a triste figura da assistida era o atestado eloqüente de que não houvera nada entre eles.

Por outro lado, felizmente ela não era agressiva.

Nunca perpetrou nenhuma violência, nem promoveu escândalo, o que não é raro em casos semelhantes.

Embora seja obra de ficção, o filme "Atração Fatal", em que mulher apaixonada inferniza uma família, culminando em tragédia, exprime com fidelidade até onde uma fascinação afetiva pode chegar.

O final de nossa história não foi cinematográfico, não teve lances dramáticos, mas, como preferem os espectadores, foi feliz.

O tempo passou, o assédio foi se distanciando, até que, perto de três anos depois, a ex-assistida desistiu da idéia de que Ricardo era propriedade sua. Nunca mais se ouviu falar dela...

O CEGO QUE NÃO QUER VER

O leitor certamente terá algumas dúvidas em relação aos problemas gerados pela mulher que perseguia o jovem servidor espírita:

Onde estavam os protetores espirituais do Centro e dela própria, que permitiram semelhante envolvimento?

Por que não promoveram o afastamento dos Espíritos obsessores?

Não pode o Bem sempre mais?

Para que possamos responder satisfatoriamente é preciso considerar algo fundamental:

A fascinação não é unilateral.

A obsidiada não foi vítima de um assalto.

Simplesmente rendeu-se às idéias que lhe eram sugeridas. E se chegou ao extremo da fascinação afetiva, foi depois de ter refugado todos os recursos de auxílio mobilizados pelos benfeitores espirituais em seu favor:

127

Ofereceram-lhe orientação durante as horas de sono.
Buscaram inspirá-la durante a vigília.
Utilizaram-se de instrumentos humanos para desfazer seus enganos, destacando-se o próprio Ricardo, objeto de suas investidas, e os companheiros.

Aplicaram-lhe recursos magnéticos tendentes a fortalecer-lhe a vontade, para que se dispusesse a romper a ligação.

Aproximaram-se dos Espíritos obsessores, mobilizando recursos de esclarecimento para que se afastasse.

No entanto, esbarraram na dificuldade maior:

Ela própria, que cristalizou a idéia de que Ricardo era seu e que nada neste mundo poderia separá-la dele.

Neste estágio o obsidiado assemelha-se ao alienado mental, incapaz de reconhecer o ridículo de suas pretensões e o absurdo de suas idéias.

Ilude a si mesmo. Tenta justificar a rejeição do amado com idéias mirabolantes, relacionadas com interferência de familiares, de rivais, e até de influências espirituais.

Espíritas pouco esclarecidos e sonhadores, envolvidos em semelhante situação, flutuam longe da realidade, convictos de que há uma milenar ligação entre eles e o objeto de seu fascínio.

Quais cegos que não querem ver, afundam-se no desajuste as vítimas voluntárias da fascinação afetiva.

Marcam passo nos caminhos da Vida, até que as rudes lições da dor venham reajustar suas emoções e renovar suas idéias.

A INTELIGÊNCIA FASCINADA

Uma análise superficial poderá sugerir a idéia de que a fascinação atinge apenas as pessoas destituídas de inteligência, suficientemente ingênuas para assimilar as fantasias sugeridas pelos obsessores.

Kardec explica, em *O Livro dos Médiuns*, que não é assim:

"Fora erro acreditar que a este gênero de obsessão só estão sujeitas as pessoas simples, ignorantes e baldas de senso. Dela não se acham isentos nem os homens de mais espírito, os mais instruídos e os mais inteligentes sob outros aspectos, o que prova que tal aberração é efeito de uma causa estranha, cuja influência eles sofrem."

Encontramos exemplos em todos os setores da atividade humana. Homens cultos e sensíveis, dotados de respeitável acuidade mental, mas envolvidos em perturbadores processos obsessivos.

Situam-se por médiuns das sombras, fascinados por esdrúxulas idéias que, encontrando receptividade nas mentes distraídas do Bem, geram perturbadores movimentos sociais, em semeaduras de desequilíbrio, sofrimento e morte.

Jean-Paul Sartre, filósofo existencialista, pregava o niilismo, o nada, a proclamar que o homem está entregue à sua própria sorte. Inspirou, assim, muitas das loucuras da sociedade européia de após guerra, distanciada de Deus.

Friedrich Nietzsche, com sua concepção do super-homem, movido unicamente pela vontade do poder, com total desprezo pela ética cristã, foi uma das inspirações da loucura nazista.

Arthur Schopenhauer ensinava ser indispensável que o homem suprima a vontade de viver para que se liberte da dor, induzindo criaturas desavisadas aos precipícios do suicídio.

Vale destacar o agonizante comunismo, gerado a partir do equívoco cometido por intelectuais que julgaram possível edificar uma sociedade igualitária sustentada por regimes totalitários. Neles o Estado seria dono de tudo para que não faltasse nada. Resultado: Estados que não têm nada, onde falta tudo.

☆ ☆ ☆

A intelectualidade vazia de sabedoria, divorciada de valores morais, é campo fértil para a semeadura das sombras que, literalmente, quase atearam fogo em nosso planeta em pavorosa hecatombe nuclear.

Isto ocorreu a partir do confronto entre os Estados Unidos e a extinta União Soviética, que durante décadas pretenderam garantir a paz com o aumento progressivo do poderio atômico, como se fosse possível evitar explosões estocando dinamite.

Incontáveis exemplos de inteligências dominadas por perigosas fascinações justificam a jocosa observação de Jaques Prèvert:

"Não se deve deixar os intelectuais brincarem com fósforos."

À MODA DA CASA

Encontramos freqüentemente a fascinação nas reuniões mediúnicas, onde é exercitado o intercâmbio com o Além.

Inteligentes obsessores, encontrando médiuns receptivos à sua influência, fazem deles instrumentos para semear a confusão.

Não raro estes mistificadores usurpam o nome de personalidades ilustres, a fim de mais facilmente alcançar seus objetivos.

Médium ideal para eles: o personalista.

Incensando sua vaidade facilmente o seduzem.

A título de curiosidade literária, tenho em minha biblioteca um livro psicografado, atribuído a Allan Kardec.

O mais ligeiro exame revela tratar-se de obra apócrifa, ditada por mistificador que envolveu o médium e aqueles que o assistiam. As idéias ali apresentadas estão longe de exprimir a lucidez, clareza e objetividade do codificador da Doutrina Espírita.

Em *O Livro dos Médiuns*, capítulo XXXI, Kardec nos oferece vários exemplos a respeito, transcrevendo manifestações apócrifas atribuídas a grandes vultos da Humanidade, como Jesus, Vicente de Paulo e Napoleão.

E comenta:

"De fato, a facilidade com que algumas pessoas aceitam tudo o que vem do mundo invisível, sob o pálio de um grande nome, é que anima os Espíritos embusteiros. A lhes frustrar os embustes é que todos devem consagrar a máxima atenção; mas, a tanto ninguém pode chegar, senão com a ajuda da experiência adquirida por meio de um estudo sério. Daí o repetirmos incessantemente: Estudai, antes de praticardes, porquanto é esse o único meio de não adquirirdes experiência à vossa própria custa."

Oportuno destacar que a influência dos Espíritos mistificadores, envolvendo atividades religiosas e, particularmente, o exercício mediúnico, não é novidade.

Em sua epístola primeira (4:1), o apóstolo e evangelista João proclama, taxativo:

"Amados, não creiais em todos os Espíritos, mas verificai se os Espíritos procedem de Deus, porque muitos falsos profetas têm saído pelo mundo afora."

Infelizmente, raros vêm observando essa orientação.

Haveria um espanto universal se, num momento de plena lucidez, as pessoas percebessem as aberrações doutrinárias incorporadas à religião que professam, a partir do envolvimento dos teólogos com mistificadores do Além, a fasciná-los com esdrúxulas idéias.

☆ ☆ ☆

Médiuns sensíveis, dotados de razoáveis faculdades, mas vaidosos e personalistas, irritam-se quando advertidos quanto aos imperativos da **disciplina**, da **humanidade e do estudo**, no intercâmbio.

Julgam-se eternos incompreendidos.

Pior: convencem-se de que a incompreensão alheia é o emblema de grandiosas missões que devem desempenhar.

Impermeáveis ao bom senso, comprometem humildes tarefas que deveriam abraçar na seara espírita, prisioneiros da fascinação.

Amargo lhes será o despertar na Vida Espiritual, quando constatarem a extensão de seus enganos e o desastroso fracasso.

☆ ☆ ☆

O problema da fascinação nos Centros Espíritas sustenta-se na tendência à sacralização dos Espíritos que se manifestam com o propósito de orientar.

Situando-os por representantes da sabedoria divina, os participantes das reuniões perdem o senso crítico e tudo aceitam passivamente.

— É o guia! — murmuram, subservientes.

Esse comportamento contraria flagrantemente os princípios codificados por Kardec, notadamente aquele sempre citado, do Espírito Erasto, em *O Livro dos Médiuns*, capítulo XX:

"Mais vale rejeitar dez verdades do que admitir uma única mentira, uma única teoria falsa."

Grupos que ignoram essa "regra de ouro", como diz Herculano Pires, acabam por fazer um Espiritismo "à moda da casa", recusando-se ao intercâmbio das idéias e à participação no movimento de unificação promovido por órgãos federativos.

Destaque-se que a unificação não é uniformização de procedimentos, mas defesa da pureza doutrinária, sustentando o arejamento e a integridade do movimento espírita.

Somente assim será possível resistir ao assédio das sombras, que sempre têm acesso fácil aos grupos fechados, dominados por dirigentes auto-suficientes.

GOZADORES DO ALÉM

Foi o ponto culminante, na exposição de arte moderna.
Um concurso de esculturas.
Muitos candidatos. Amadores e profissionais disputando o cobiçado prêmio.
Dezenas de criações artísticas foram submetidas a respeitáveis críticos que, após demorada apreciação, elegeram a vencedora.
Com um metro de altura, monolítica, formas arredondadas, com reentrâncias e baixos-relevos, era literalmente impenetrável para os leigos. Jamais decifrariam o que pretendera o autor. Em que ignoto socavão da memória buscara inspiração para aquela "coisa".
Mas agradou os entendidos, que aplaudiram a leveza do cinzel, as formas suaves, a harmonia do conjunto e a feição decorativa.

Na cerimônia para entrega dos troféus, convocado o autor, este informou:

— Sou apenas representante do escultor. Melhor dizendo, da escultora. Não foi possível inscrever o trabalho em seu nome. O regulamento não permite.

O mestre de cerimônias interveio de pronto:

— Está ocorrendo um equívoco. Não há discriminação de sexo em nossa exposição. Temos várias escultoras inscritas.

O homem explicou, reticente:

— Não é bem isso... A escultora não é uma mulher... Trata-se de uma vaca de minha propriedade. A obra premiada foi feita por ela numa pedra de sal que lambeu durante meses, imprimindo-lhe a forma atual.

Um bloco moldado por animal, tendo por cinzel a língua e por inspiração a necessidade de sal para gado é, sem dúvida, o que de mais primitivo poderíamos conceber como "arte".

Onde a justificativa para a premiação?

É que muitos artistas, perseguindo originalidade, inspirados pela velha vaidade humana, enveredam por caminhos de extravagância e absurdo.

A partir daí tornam-se vítimas de Espíritos zombeteiros. Estes os fascinam com estranhas concepções que, tomadas à conta de modernismo, apenas refletem a futilidade medíocre que reina em variados setores artísticos na atualidade.

As mesmas motivações estabelecem a associação de vocações musicais com as sombras, gerando sons ruidosos que mais parecem resultado do assalto de símios aos instrumentos de uma orquestra.

Como a música, mais do que a palavra articulada, é eficiente estímulo a que respondem as pessoas, de conformidade com suas tendências, identificamos multidões histéricas, fascinadas por músicos espalhafatosos e barulhentos que descobriram como ganhar dinheiro cultivando aberrações sonoras.

Particularmente os "concertos" de rock, verdadeiros desacertos musicais, realizados em ambientes pesados, fumacentos, escuros e absurdamente barulhentos, parecem autênticas sucursais umbralinas.

O Umbral é uma faixa escura, como denso nevoeiro espiritual envolvendo a Terra, formado pelas vibrações mentais de Espíritos encarnados e desencarnados em desequilíbrio.

Ali estagiam aqueles que, libertando-se do corpo físico pelo fenômeno da morte, permanecem presos aos interesses e viciações humanas, sem a pureza necessária para alçar vôo aos planos mais elevados.

Dispostos a exercer pressão sobre os homens, explorando-lhes as mazelas, aproveitam esses espetáculos consagrados pela imaturidade de seus participantes.

Ali, músicos e público em transe, sob indução do ambiente, com reforço do álcool, do fumo e das drogas, é o ambiente ideal para operacionalizarem a fascinação, em bases de "quanto maior a inconseqüência, melhor". Mais facilmente poderão envolver seus "pupilos" e estes pagarão alto preço depois, pelo "êxtase" daqueles momentos fugazes, experimentando renitentes desajustes e perturbações.

À CUSTA DAS PRÓPRIAS LÁGRIMAS

— Bondoso Lupércio — reclamava Eulália ao mentor espiritual numa reunião mediúnica — por que essa doença insidiosa que prende meu filho ao leito há mais de cinco anos?

— É o seu carma, uma expiação programada pela Justiça Divina.

— Não seria mais fácil pagar seus débitos desfrutando da plenitude de movimentos, participando dos serviços assistenciais do Centro?

— O problema é que, envolvido num processo de fascinação, ele, além de comprometer-se no crime, desenvolveu tendências viciosas que fatalmente ressurgirão se experimentar liberdade de locomoção. A prisão no leito é um precioso recurso educativo em seu benefício.

— E quanto ao obsessor? Não responde pela influência nefasta que exerceu sobre ele?

— Sem dúvida. Um escritor famoso afirmou numa de suas obras que somos responsáveis por aqueles que cativamos*. De certa forma os obsessores cativam suas vítimas, na medida em que as seduzem com suas sugestões, levando-as às iniciativas que desejam. São co-responsáveis, portanto, em seus desatinos.

— Se assim acontece, não seria justo que o obsessor estivesse junto de meu filho, com o compromisso de ajudá-lo?

— É o que vem fazendo, com intensa dedicação.

— Poderíamos evocá-lo nesta reunião?

— Impossível.

— Não está por perto?

— Está entre nós.

— Por que, então, a impossibilidade?

— O obsessor é você.

☆ ☆ ☆

Tivéssemos o dom de conhecer o passado e identificaríamos com espantosa freqüência os fascinados de ontem em dolorosas experiências de hoje.

Enfrentam problemas mentais, limitações físicas, carências e dificuldades, relacionados com a semeadura de males que efetuaram a partir do momento em que vivenciaram as fantasias sugeridas pelos obsessores.

Estes, por sua vez, também submetidos às sanções divinas, ressurgem na Terra não raro na condição de angustiados enfermeiros de suas ex-vítimas.

Aprendem todos, à custa das próprias lágrimas, uma lição fundamental:

A faculdade de discernir — a razão — e a faculdade de escolher — o livre-arbítrio — que outorgam ao Homem a condição de filho de Deus, dotado de suas potencialidades criadoras, im-

---

* Saint-Exupéry, em *O Pequeno Príncipe*.

plicam necessariamente a observância plena dos princípios de Justiça e Amor que regem o Universo.

Situam-se ambos como ideais a serem alcançados.

Ideais que jamais serão negados impunemente.

Ideais que, representando a vontade de Deus, significam, acima de tudo, o melhor para nós.

POSSESSÃO DEMONÍACA

Definindo o terceiro tipo de obsessão em *O Livro dos Médiuns*, diz Kardec:

"A subjugação é uma constrição que paralisa a vontade daquele que sofre e o faz agir a seu mau grado. Numa palavra: o paciente fica sob um verdadeiro jugo."

E explica:

*"A subjugação pode ser **moral** ou **corporal**. No primeiro caso, o subjugado é constrangido a tomar resoluções muitas vezes absurdas e comprometedoras que, por uma espécie de ilusão, ele julga sensatas; é uma como fascinação. No segundo caso, o Espírito atua sobre os órgãos materiais e provoca movimentos involuntários."*

Adiante, destaca o Codificador:

"Vai, às vezes, mais longe a subjugação corporal; pode levar aos mais ridículos atos. Conhecemos um homem que não era jovem nem belo e que, sob o império de uma obsessão dessa natureza, se via constrangido, por uma força irresistível, a pôr-se de joelhos diante de uma moça a cujo respeito nenhuma pretensão nutria e pedi-la em casamento. Outras vezes, sentia nas costas e nos jarretes uma pressão enérgica, que o forçava, não obstante a resistência que lhe opunha, a se ajoelhar e beijar o chão nos lugares públicos e em presença da multidão. Esse homem passava por louco entre as pessoas de suas relações; estamos, porém, convencidos de que absolutamente não o era, porquanto tinha consciência plena do ridículo do que fazia contra a sua vontade e com isso sofria horrivelmente."

Está consagrada pelo uso a expressão "possessão" para definir o domínio por Espíritos malfeitores, quando sua influência vai até a alienação do livre-arbítrio da vítima, que não mais exercita vontade própria.

Kardec explica por que não lhe parece a mais adequada:

*"Primeiro, porque implica a crença de seres criados para o mal e permanentemente votados ao mal, enquanto que não há senão seres mais ou menos imperfeitos, os quais todos podem melhorar-se; segundo, porque implica igualmente a idéia de apoderamento de um corpo por um Espírito estranho, de uma espécie de coabitação, ao passo que o que há é apenas constrangimento. A palavra **subjugação** exprime perfeitamente a idéia. Assim, para nós, não há possessão, no sentido vulgar do termo, há somente **obsidiados, subjugados e fascinados**."*

A figura do demônio, anjo decaído a disputar permanentemente com Deus a posse das almas, é uma aberração teológica.

Inadmissível que, sendo onisciente, Deus criasse Espíritos que iriam gerar um impasse universal, contrapondo-se eternamente às Suas leis sábias e justas.

Pior seria conceber um Criador incapaz de modificar a disposição de suas criaturas transviadas ou que estas induzam irmãos seus a desvios que resultarão em tormentos irremissíveis.

Ante a onipotência divina, o demônio jamais constituirá ameaça à ordem do Universo.

Podemos situá-lo muito mais como um "pobre diabo", não no sentido pejorativo em que é empregada a expressão quando menosprezamos alguém. Simplesmente porque se trata de um Espírito rebelde, voluntariamente transviado, habilitando-se, por isso, a compulsória retificação, em penosas jornadas de resgate e reajuste que o reconduzirão aos roteiros do Bem.

Filhos de Deus, criados à sua imagem e semelhança, segundo a afirmativa bíblica, somos intrinsecamente bons.

O mal em nós é uma excrescência nascida de nossos desatinos, que a dor se encarrega de desbastar.

POR QUE NÃO REAGEM

A subjugação é a mais lastimável forma de assédio espiritual.
Na obsessão simples o indivíduo é perturbado por idéias infelizes.
Na fascinação vemo-lo convencido delas.
Na subjugação pouco importa o que pensa. O obsessor controla seus movimentos.
Sobrepondo-se às suas reações, impõe-lhe gemidos, gritos, estertores, agonias, desmaios e desvarios absolutamente incontroláveis.
Animado por mórbidos propósitos, o perseguidor invisível tanto mais se compraz quanto maior a degradação a que consegue submeter a vítima, levando-a, não raro, a precipitar-se na solidão de cubículos destinados a inquietos e agressivos enfermos mentais.
Boa parcela dos alienados mentais que estagiam nos hospitais psiquiátricos são vítimas da subjugação.

Em inúmeras oportunidades Jesus esteve às voltas com o problema.

É ilustrativo o caso do habitante de Gadara (Marcos, 5):

"Entrementes chegaram à outra margem do mar, à terra dos gerasenos. Ao desembarcar, logo veio dos sepulcros, ao seu encontro, um homem possesso de Espírito imundo, o qual vivia nos sepulcros, e nem mesmo com cadeias alguém podia prendê-lo; porque, tendo sido muitas vezes preso com grilhões e cadeias, as cadeias foram quebradas por ele e os grilhões despedaçados. E ninguém podia contê-lo. Andava sempre, de noite e de dia, clamando por entre os sepulcros e pelos montes, ferindo-se com pedras."

Libertado por Jesus da perseguição espiritual, o geraseno voltou ao lar, perfeitamente refeito.

Em outra passagem (Lucas, 9), um pai roga a Jesus:

"Mestre, suplico-te que vejas meu filho, porque é o único; um Espírito se apodera dele e, de repente, grita e o atira por terra, convulsiona-o até espumar, e dificilmente o deixa, depois de o ter quebrantado."

Afastado o Espírito por Jesus, o menino livrou-se do problema.

☆ ☆ ☆

Quando lúcido e receptivo, o subjugado ouve de familiares costumeiras recomendações.
— É preciso reagir. Faça pensamento firme. Não se entregue a esse desvario. Pense em Deus.
Se o infeliz reclama incapacidade de resistir à pressão, insistem:
— Nós não somos atingidos. Somente você. É que temos fé. Cultivando pensamentos positivos, exercitamos força de vontade! Você está sendo fraco!

Razoáveis afirmativas.

Não obstante, quem lida com o subjugado precisa levar em consideração que geralmente ele está imantado ao obsessor, em estreita sintonia. Situa-se como um marionete em suas mãos.

Essa imantação não é de iniciativa do obsessor. Normalmente já existia. Vem do passado, envolvendo graves conflitos entre ambos.

Tanto quanto o amor, o ódio recíproco estabelece estreitos vínculos. Há apenas uma diferença:

Os que se amam auxiliam-se mutuamente, em laboriosas jornadas de progresso e bem-estar.

Os que se odeiam agridem-se interminavelmente, com vantagem eventual para aqueles que se situam no anonimato, quando despidos da carne, em trânsito pelo Além.

☆ ☆ ☆

Jesus dizia que Espíritos dessa natureza só podem ser afastados com jejum e oração.

O jejum simboliza o empenho de superar a natureza animal, representada por vícios e paixões.

A oração simboliza o empenho de cultivar a natureza espiritual, buscando a comunhão com a Espiritualidade.

Somente assim o benfeitor que procura interferir numa subjugação terá autoridade necessária para fazer-se ouvido e respeitado pelos agressores espirituais.

RECOMENDAÇÃO NECESSÁRIA

No serviço de atendimento fraterno do Centro Espírita, diante do pai ansioso, explica com convicção o entrevistador:

— As convulsões de seu filho têm origem espiritual, fruto de uma subjugação. Um Espírito aproxima-se dele e o envolve em vibrações deletérias, disparando a crise.

— Por que essa agressão?

— Provavelmente trata-se de vingança.

— Não entendo. O menino tem cinco anos. Que mal poderia fazer?

— Somos todos Espíritos eternos. Já vivemos muitas experiências na Terra. Não sabemos a natureza dos compromissos do menino nem de seu envolvimento com o desafeto que o persegue.

— O Centro poderá ajudar?

— Claro. Faremos o possível.

O entrevistador detalha os recursos que serão mobilizados — água fluidificada, passes magnéticos, desobsessão, Evangelho no Lar...

— Alguma providência de nossa parte?

— Apenas a colaboração de toda a família, seguindo as orientações a fim de que os benefícios sejam completos.

☆ ☆ ☆

No dia imediato inicia-se o tratamento espiritual.

Ao longo de várias semanas o garoto recebe ajuda, com a diligente participação e esperançosa expectativa do grupo familiar.

Não obstante, embora menos freqüentes e intensas, sucedem-se as convulsões.

— É assim mesmo — tranqüiliza o entrevistador — a recuperação é demorada, mesmo porque não é fácil modificar as disposições do perseguidor desencarnado.

Passam-se dois meses.

O quadro permanece estacionário.

As convulsões não progridem, mas também não regridem.

Atendendo à insistência de um amigo o pai leva o menino a um neurologista. O médico recomenda uma tomografia computadorizada do cérebro, uma sofisticada radiografia.

Diagnóstico: foco irritativo no tecido cerebral, gerando as convulsões. Um problema **físico**.

Decepcionado o pai suspende o tratamento espiritual do menino e afasta-se do Centro.

Com inúmeras variações, envolvendo males diversos, essa história repete-se freqüentemente, em relação ao tratamento espiritual nos Centros Espíritas.

Falha na orientação da Doutrina?

Não. Falha do orientador.

☆ ☆ ☆

Quando o Espírito obsessor opera o que poderíamos definir como uma agressão espiritual, submetendo o obsidiado a pesada carga magnética, será justamente a parte mais vulnerável de sua constituição física ou psíquica a acusar o impacto.

No caso do menino a vulnerabilidade está no foco irritativo do cérebro, originando a convulsão.

Isto não significa que ela seja sempre conseqüência do envolvimento espiritual. Este apenas torna mais freqüentes e intensas as crises.

Afastado o obsessor o menino continuará sujeito às convulsões, decorrentes do mal físico, mas sem o agravante da agressão espiritual. Conseqüentemente serão menos graves e mais facilmente controláveis.

☆ ☆ ☆

Quando inflamos incessantemente um balão de borracha, popularmente chamado bexiga, ele tenderá a arrebentar num estouro, a partir de um ponto frágil onde haja defeito ou menor espessura.

Algo semelhante ocorre em relação à influência espiritual inferior. Ela pode disparar crises hepáticas, distúrbios circulatórios, desarranjos intestinais, depressão, ansiedade e muitos outros problemas, a partir de nossas deficiências físicas e psíquicas.

O afastamento do Espírito obsessor pode eliminar o elemento agravante, mas não suprime o mal existente, passível de gerar crises não relacionadas com influências espirituais.

A cura definitiva pede concurso do tempo, empenho de renovação e também a contribuição da Medicina, bênção de Deus instituída na Terra para favorecer a saúde humana.

Por isso, o companheiro de boa vontade que atende as pessoas que procuram ajuda no Centro Espírita não deve esquecer a recomendação básica:

"O atendimento espiritual não dispensa o tratamento médico."

ONDE O ESPIRITISMO COMEÇOU

— Então, doutor, descobriu algo?

Era o quarto médico que procurava, desde que seu filho de cinco anos começara a sofrer agitados desmaios. O menino debatia-se e espumava, apavorando os familiares. Diagnóstico unânime: epilepsia, um distúrbio intermitente da função encefálica que pode provocar variadas reações, como desmaios, perda de consciência, lassidão, dificuldade de raciocínio ou, como ocorre freqüentemente, as convulsões.

— Não chegamos a nenhuma conclusão. O eletroencefalograma registra pequena disritmia, mas insuficiente para justificar o mal. A tomografia não acusou nenhuma lesão ou massa tumoral. Fisicamente ele está ótimo, como confirmam os exames de laboratório.

— Mas certamente há uma causa...

— Sem dúvida. Em toda anomalia física forçosamente há um agente determinante.

— Como ficamos?
— O importante agora é evitar as convulsões. Elas poderão comprometer seu desenvolvimento mental. Deverá fazer uso de anticonvulsivos. Ajustaremos uma dose ideal evitando, tanto quanto possível, efeitos colaterais.

O pai não se conforma.

— Não sou rico, doutor, mas tenho algumas economias. Diga-me, por caridade: há algum recurso que eu possa buscar, ainda que em outro país?

— Bem, para ser franco, existe sim. Se fosse meu filho eu o encaminharia.

— Fale, doutor. Não importa quanto deva gastar. Venderei minha casa, meu automóvel, o que for preciso. A saúde do menino está em primeiro lugar.

— Não vai custar absolutamente nada...

— É um serviço de saúde pública?

— De certa forma está ligado aos poderes que nos governam.

— Como chegar lá?

— Não será difícil. Há vários núcleos de atendimento em nossa cidade.

— Mal posso esperar... Onde é esse abençoado centro de tratamento?

— Você disse bem. É um Centro Espírita...

— Ora, doutor, o senhor, um médico, um homem de ciência, encaminhando-me para o Espiritismo?

— Exatamente. Não sou espírita, mas tenho suficiente experiência para compreender que casos como o de seu filho não são resolvidos pela medicina da Terra. Seu problema é, como dizem os adeptos de Allan Kardec, espiritual. Eles lhe explicarão detalhadamente o porquê dessas crises.

Surpreendente, não é mesmo, amigo leitor?
Mas não é novidade.

Médicos espíritas, e até mesmo aqueles que têm apenas vagas noções de Espiritismo, sabem que há males de etiologia indevassável sob o ponto de vista orgânico, porquanto sustentam-se de influências espirituais inferiores.

Isso ocorre com muita freqüência na subjugação.

A agressão espiritual deprime o sistema nervoso, provoca uma "tempestade" nos neurônios e dispara a convulsão e até problemas mais graves, sem que exista uma causa física, como no caso que abordamos no capítulo anterior.

☆ ☆ ☆

Médicos materialistas sorriem destas conceituações, sem se dar ao trabalho de analisá-las, atitude anticientífica...

Mas não escondem sua perplexidade diante de alienados mentais, vítimas de subjugação, perfeitamente saudáveis neurologicamente.

Atribuem seus males a perturbações nascidas de acidentes hereditários ou influências ambientais, sem que consigam detectar quaisquer disfunções nos circuitos nervosos ou cerebrais.

Empregam vasta e complexa terminologia, que define, mas não esclarece, e prescrevem complicados tratamentos que acalmam sem jamais recuperar o paciente.

Um dia que não vai longe, a classe médica descobrirá, como já o fizeram alguns de seus representantes, que cada paciente é um Espírito eterno, cujos males possuem raízes no Plano Espiritual, em estreita relação com influências obsessivas.

Então poderão auxiliar de forma mais eficiente destrambelhadas vítimas da subjugação, porquanto terão chegado onde o Espiritismo começou...

E afixarão um aviso em seus consultórios:

"O atendimento médico não dispensa o tratamento espiritual."

A VIRTUDE QUE FALTOU

Há casos gravíssimos de subjugação em que o obsidiado parece possuído por mil demônios, segundo a crença popular.

Agitado ao extremo, demanda severas medidas de contenção, como a camisa-de-força e altas doses de tranqüilizantes.

Tais ligações geralmente originam-se de sombrios dramas passionais, de inenarráveis tragédias, ocorridas no passado distante ou próximo, em existências anteriores ou na atual.

Quase sempre o infeliz que hoje se debate ante a furiosa agressão espiritual é alguém que ontem traiu, ofendeu, arruinou, matou, inspirado em propósitos menos dignos.

O agressor de hoje é aquele mesmo que foi traído, ofendido, arruinado, morto e que, desejando fazer justiça com as próprias mãos, pretende submeter o desafeto a sofrimentos mil vezes acentuados.

Vítima de ontem, verdugo de hoje.

Vítima de hoje, verdugo de ontem.

Adversários irreconciliáveis, engalfinhados em furiosos combates espirituais, sem que nada possamos observar além do encarnado a debater-se.

☆ ☆ ☆

Antes de vítima e verdugo, são dois infelizes.
O obsidiado, pela inconseqüência criminosa do passado.
O obsessor, pela agressividade feroz do presente.
O obsidiado, conduzido à loucura pela subjugação.
O obsessor, precipitando-se nela pelo empenho de revide.
O obsidiado, incapaz de resistir à agressão porque deve.

O obsessor, incapaz de resistir à agressividade porque julga-se credor de uma dívida que somente Deus tem o direito de cobrar.

A quem lamentar mais?

O obsidiado, que ofendeu, ou o obsessor, que não superou o desejo de revidar?

O obsidiado, que colhe os espinhos semeados, ou o obsessor, que se dilacera vitimado pelo ódio?

O obsidiado, possuído pelo fogo da expiação, ou o obsessor, abrasado pela volúpia da vingança?

Ligações desta natureza podem durar existências inteiras e até séculos, estendendo-se ao Plano Espiritual, alternando-se as posições vítima/verdugo, envolvendo, não raro, parceiros igualmente comprometidos, a guerrearem-se loucamente, mergulhando mais e mais em sombrios precipícios.

☆ ☆ ☆

Se os infelizes protagonistas desses dramas pungentes pudessem conhecer a extensão dos sofrimentos e dores que semeiam para si mesmos; se avaliassem a profundidade de seu comprometimento com as leis divinas, certamente desenvolveriam outro empenho, com todas as forças de suas almas:

O empenho de cultivar uma das virtudes ensinadas e exemplificadas por Jesus, o grande recurso para que não nos envolvamos com o mal que nos atinge.

Essa virtude de imenso alcance é o perdão.

Quando o exercitamos de verdade, sem lembranças amargas, sem evocar castigos divinos para o ofensor, sem endereçar-lhe adjetivos pejorativos, então, algo de maravilhoso, fantástico, surpreendente ocorre:

Desfaz-se a mágoa e verificamos que apesar de tudo não perdemos a estabilidade íntima nem a capacidade de ser felizes.

☆ ☆ ☆

No soneto "A Crucificação", no livro *Parnaso de Além-túmulo*, psicografia de Francisco Cândido Xavier, escreve o Espírito Olavo Bilac:

Fita o Mestre, da cruz, a multidão fremente.
A negra multidão de seres que ainda ama.
Sobre tudo se estende o raio dessa chama,
Que lhe mana da luz do olhar clarividente.

Gritos e altercações! Jesus, amargamente,
Contempla a vastidão celeste que o reclama.
Sob os gládios da dor aspérrima, derrama
As lágrimas de fel do pranto mais ardente.

Soluça no silêncio. Alma doce e submissa,
E em vez de suplicar a Deus para a injustiça
O fogo destruidor em tormentos que arrasem,

Lança os marcos da luz na noite primitiva,
E clama para os Céus em prece compassiva:
"Perdoai-lhes, meu Pai, não sabem o que fazem!..."

É de rara beleza a imagem evocada por Bilac.

Deixamos de ser primitivos partidários do "olho por olho", quando iluminamos nossos caminhos com o facho celeste do perdão.

Os que ofendem não sabem o que fazem, como ensinou Jesus na cruz; não têm noção dos males que geram para si mesmos.

Por outro lado, também não sabem o que fazem os que não perdoam, formando cadeias de ódio que imantam ofensores e ofendidos, a sustentar dores que não depuram e sofrimentos que não redimem.

A DIFÍCIL METAMORFOSE

O ditado popular "O homem propõe e Deus dispõe" pode ser aplicado a penosos processos obsessivos, sustentados por recíproca animosidade.

Ainda que os obstinados adversários pretendam loucamente continuar a se agredir um ao outro, tais vendetas contrariam os princípios de harmonia que sustentam o Universo.

O ódio é a negação do Amor, lei suprema de Deus.

Infalivelmente, sempre chega o momento de mudar.

As bênçãos do tempo acabam por esgotar o fel de seus corações. Exaustos de tantos rancores, sedentos de paz, derrotados pela indestrutível centelha divina que mora em seus corações — são filhos de Deus! — os "duelistas" acabam por desejar ardentemente uma trégua, uma possibilidade de renovar seus caminhos.

E um dia, após longo sono, ei-los reencarnados nas experiências em comum, ligados agora por laços de consangüinidade.

Ontem inimigos, hoje irmãos.

Ontem verdugo e vítima, hoje pai e filho.
Ontem obsessor e obsidiado, hoje marido e mulher.
Assim a Justiça Divina exige a reparação.
Assim a Divina Misericórdia promove a reconciliação.
Assim a Sabedoria do Eterno transforma o ódio em amor.

☆ ☆ ☆

É uma metamorfose difícil, sofrida, porquanto, embora as bênçãos do esquecimento e os elos familiares, eles conservam, inconscientemente, indelével ressentimento.

Daí a ausência de afinidade, a dificuldade de relacionamento, a mágoa indefinível, a muda animosidade e, não raro, a aversão que experimentam entre si.

Para os mais esclarecidos isso tudo é motivo de aflitivos padecimentos, em duras experiências que somente à custa de abnegação e sacrifício poderão vencer.

Para os mais atrasados é forte apelo à intolerância e à deserção.

☆ ☆ ☆

— Não me dou bem com meu pai. Difícil explicar. É como se enxergasse nele um velho perseguidor disfarçado, uma ameaça...

— A convivência com minha mãe é complicada. Nutro por ela sentimentos contraditórios de amor filial e rancor figadal que revolve minhas entranhas...

— Brigamos eu e meu irmão como gato e cachorro. Quando adolescentes era até natural. Agora que somos adultos é inexplicável. Ao menor desentendimento sinto-me possuído de ódio por ele, tentado a ofendê-lo e agredi-lo...

— Até hoje não sei como casei com minha mulher. Uma atração física irresistível talvez, mas foi só. Passado o fogo da paixão, resta invencível animosidade. Simplesmente não nos entendemos.

Vivemos às turras, com intermináveis cobranças. Uma situação insustentável...

— Amo extremadamente meu filho mais novo. Quanto ao mais velho, não há nenhuma afinidade entre nós. Ele me desrespeita e eu não consigo ser carinhosa com ele. Há momentos em que me parece um estranho. É recíproco. Ele simplesmente me ignora...

☆ ☆ ☆

Parece sadismo de Deus promover esses "desencontros" no lar para que as pessoas vivam a brigar. Tais problemas, entretanto, relacionam-se muito mais com a ausência de compreensão, tolerância e respeito no presente e muito menos à presença de inimigos do passado.

Embora se trate de uma situação desconfortável e complicada, é preciso lutar pelo pleno aproveitamento da experiência. Não podemos perder a oportunidade de corrigir os desvios de ontem, habilitando-nos a transitar amanhã com maior conforto e segurança pelos caminhos da Vida.

Imperioso não esquecer, em relação aos nossos desafetos do pretérito, transvestidos possivelmente em familiares de convivência difícil, que as lições serão repetidas tantas vezes quantas forem necessárias, até aprendermos todos que somos irmãos.

A BARREIRA DA SUPERSTIÇÃO

Estava às voltas com problemas complexos que o afligiam há meses. Males físicos de etiologia desconhecida; perturbadora angústia, persistente irritabilidade.

Cedendo a insistentes apelos dos familiares decidiu procurar um Centro Espírita.

Compareceu ressabiado. Não lhe agradava a idéia de lidar com Espíritos. Tinha horror a qualquer contato com o "sobrenatural".

O entrevistador, vinculado ao serviço de atendimento fraterno, conversou longamente com ele. Ouviu-lhe as queixas. Avaliou sua condição psíquica e concluiu que estava sob influência de uma obsessão.

Falou-lhe a respeito.

O consulente sobressaltou-se:

— Um Espírito a perseguir-me?!

— Talvez não apenas um...

— Podem ser muitos?!

— Não é difícil. Geralmente os obsessores não agem isoladamente. Há comparsas...
— Como operam?
— Infiltram-se em seus pensamentos, sugerem idéias infelizes, pressionam seu psiquismo, promovem desajustes variados...
— Meus Deus!... Nunca poderia imaginar algo semelhante! Como me livrarei?
— Faremos um tratamento espiritual. O amigo freqüentará as reuniões públicas, receberá o passe magnético. Levaremos seu nome para uma reunião mediúnica de desobsessão. Haverá outras providências que irá conhecendo na medida em que se renovem seus contatos com o Centro.
— Quando começaremos?
— Amanhã. A reunião tem início às 20 horas. Após as palestras de orientação serão aplicados os passes...

Tudo acertado, houve apenas um "pequeno contratempo":
O consulente evaporou-se. Nunca mais compareceu ao Centro.
Ficou-se sabendo depois, por um familiar, que ele apavorou-se com a informação de que estava sob influência de Espíritos.
Preferiu esquecer o assunto, buscando orientação menos chocante, recursos mais amenos...

☆ ☆ ☆

Temos aqui uma advertência para entrevistadores ligados aos serviços de atendimento fraterno, nos Centros Espíritas, que atendem pessoas que fazem seus primeiros contatos com a Doutrina.
Imperioso evitar assuntos que nem sempre elas têm condições de entender sem sobressaltos, antes de uma iniciação que lhes permita conhecer com objetividade a natureza do relacionamento entre os "mortos" e os vivos.

☆ ☆ ☆

O episódio demonstra, também, que para a maior parte das pessoas é pouco animadora a visão do mundo espiritual povoado pelas almas dos mortos, a exercer perturbadora influência sobre os homens.

Além daqueles que riem desta realidade, riso tolo de pretensa superioridade, porque inspirado na mais crassa ignorância, há os que preferem não cogitar do assunto, guardando temores nascidos de velhas superstições.

Forçoso reconhecer, entretanto, que o conhecimento destas questões é indispensável à perfeita compreensão das influências que atuam sobre a mente humana.

Obras básicas e complementares da Doutrina Espírita, que tratam da obsessão, farão parte dos currículos das faculdades de medicina do futuro.

Dia virá em que as expressões **obsessão simples, fascinação** e **subjugação**, a definirem variadas formas de influência espiritual inferior, ultrapassarão o âmbito do Centro Espírita.

Ainda que sob a roupagem de nova terminologia, serão disseminadas pelos consultórios médicos e aplicadas no diagnóstico e tratamento de grande parte dos males físicos e psíquicos que afligem as criaturas humanas.

O GUARDA-CHUVA

Leontino não estava conseguindo...

Espírito desencarnado, assediava José Onofre, pretendendo vingar-se de passadas ofensas.

Localizara-o em nova jornada na carne e pretendia infernizar-lhe a existência, envolvendo-o na obsessão.

No entanto, o antigo desafeto resistia às suas investidas, conservando-se perfeitamente ajustado.

Resolveu apelar para um companheiro mais tarimbado... Procurou Quirino, especialista em atazanar pessoas, usando de extrema sutileza em suas investidas, alguém que a tradição religiosa definiria como um ser demoníaco.

Nada disso. Era apenas um transviado filho de Deus que não se dera ainda ao trabalho de avaliar a semeadura de espinhos que vinha efetuando, os quais fatalmente colheria um dia, em penosos reajustes.

O experiente obsessor ouviu-lhe as frustrações e indagou:
— Identificou-lhe as fraquezas?
— Sim.
— E quais são?
— Certa tendência à tristeza, caráter introvertido; alguma preocupação com a saúde; eventuais crises de afetividade no lar; gosta de aperitivos e não é insensível aos encantos femininos.
— Então, não conseguiu puxar esses fios para "enovelá-lo"?
— Bem que tentei, mas sem resultado. Não tem tempo para render-se às próprias mazelas. Vinculado a um Centro Espírita, ocupa todas as suas horas livres em serviços diversos: visita doentes, atende necessitados, cuida de crianças, faz plantão no albergue, aplica passes magnéticos, participa de reuniões mediúnicas. O homem não pára! Simplesmente não sobra espaço em sua mente para infiltração de idéias obsessivas.

Quirino franziu o cenho.

— Quando nossas presas encasquetam a idéia de que devem ocupar o tempo ajudando o semelhante fica difícil. Buscou o ataque por vias indiretas?

— Sim, sim, segui fielmente nossos programas. Explorei as tendências neuróticas da esposa, criando-lhe embaraços no lar; provoquei problemas financeiros, complicando seus negócios; envolvi o filho com drogas; semeei desentendimentos no Centro Espírita; acentuei seus males físicos, mas o homem é uma rocha. Situa-se inabalável, confiando-se à proteção divina.

Leontino suspirou, completando:
— Simplesmente José Onofre recusa-se a uma reação negativa que me dê ensejo para atingi-lo. O que você me aconselha?
— Desista.
— Ora essa! É tudo que tem a dizer?
— Estou apenas sendo realista. O problema é que seu desafeto abriu o guarda-chuva protetor. Você pode fazer desabar sobre ele tempestades existenciais violentas. Não logrará atingi-lo.
— E o que vem a ser essa proteção?

— A prática do bem aliada à confiança em Deus. É preciso esperar torcendo para que ele se decida a fechar o guarda-chuva.

☆ ☆ ☆

Quem é José Onofre?
Um missionário? Um Espírito superior? Um santo?
Nada disso.
É um homem comum, com suas fraquezas e imperfeições.
O que o distingue é o empenho em cumprir a orientação contida na questão nº 469, de *O Livro dos Espíritos*, quando Allan Kardec pergunta:

"Como podemos neutralizar a influência dos maus Espíritos?"

E vem a orientação incisiva:

"Praticando o bem e pondo em Deus a vossa confiança, repelireis a influência dos Espíritos inferiores e aniquilareis o império que desejam ter sobre vós."

Simples, não?
Vamos abrir o nosso guarda-chuva?

FUROS NO GUARDA-CHUVA

Não há necessidade de longas dissertações em torno da questão nº 469.

Temos a definição do que é a prática do bem nos ensinamentos de Jesus.

Belos como a Poesia...
Profundos como a Verdade...
Sublimes como a Vida...

Sintetizam-se admiravelmente no capítulo sétimo, versículo doze, das anotações do evangelista Mateus:

"Tudo o que quiserdes que os homens vos façam, fazei-o assim também a eles."

Não há o que errar, nenhuma possibilidade de engano. Para exercitar o bem basta que nos coloquemos no lugar daqueles que estão diante de nós, seja o familiar, o amigo, o colega de serviço, o doente, o aflito, o desajustado, o infeliz, o desesperado, e nos perguntemos com sinceridade dos que são honestos consigo mesmos:

— O que eu gostaria que fizessem por mim em tal situação?

☆ ☆ ☆

Quanto à confiança em Deus, não será difícil exercitá-la se guardarmos a certeza de que Ele é Nosso Pai, como ensina Jesus.

Imaginemos o mais sábio, justo, diligente e carinhoso de todos os pais da Terra e teremos apenas pálida idéia do Pai Celeste que nos conduz, segundo o salmista (Salmo XXIII), "pelas veredas retas da justiça por amor de Seu nome".

E destaca que mesmo que andássemos por um vale de sombras da morte não haveria motivos para temores, porque Ele está conosco.

Há expressões muito fortes sobre a imanência de Deus, que devem sinalizar nosso trânsito pelos caminhos do Mundo, para que nunca nos falte bom ânimo.

Proclama o apóstolo Paulo (Atos, 17:28):

"Em Deus vivemos e nos movemos..."

Essa convicção sustentava-o no árduo trabalho de disseminação dos princípios cristãos. E não o abalavam perseguições, apodos, zombarias, agressões, ameaças de morte, porque, conforme afirma na Epístola aos Romanos (8:31):

"Se Deus está conosco, quem estará contra nós?"

O cuidado que nos compete em relação à questão nº 469 é saber se não há furos em nosso guarda-chuva, gerados por nossa inadequação aos princípios que o compõem.

De nada nos valerá a crença de que o Bem é invencível se permanecermos na inércia que nos sujeita às incursões do mal.

Pouco valerá proclamar nossa confiança em Deus se não fizermos por merecer que Ele confie em nós.

A adesão verbal aos princípios do Cristo será inútil se nosso comportamento revelar o contrário.

Por isso, antes de cogitarmos de nossa emancipação espiritual, antes que nos isentemos de influências malignas, é preciso que aprendamos a combater os grandes obsessores de nossa personalidade, "demônios" que segundo a Doutrina Espírita residem dentro de nós.

Chamam-se orgulho, vaidade, egoísmo, preguiça, prepotência, avareza, agressividade...

São eles que anestesiam nossa consciência, situando-nos em clima de indiferença pelos valores mais nobres.

São eles que anulam nossa capacidade de percepção quanto aos objetivos da Vida.

São eles que abrem as portas de nossa mente às incursões sinistras das sombras com suas promoções "infernais":

A angústia da obsessão simples...

As ilusões perigosas da fascinação...

As compulsões lamentáveis da subjugação...

Todo mal que nos aflige, portanto, infiltra-se pelo mal que cresce em nós quando nos distraímos dos objetivos da jornada humana e permitimos que os "demônios" interiores transformem em peneira o nosso guarda-chuva protetor.

QUEM SABE FAZ A HORA

Na oficina mecânica o operário interrompe o trabalho por instantes e diz, veemente, para si mesmo:

— Que é isso, rapaz! Toma jeito!

Surpreendido, um companheiro pergunta-lhe o porquê daquele inusitado comportamento.

— É para neutralizar maus pensamentos que me assaltam freqüentemente. Quando dou um pito em mim mesmo ponho ordem na cabeça...

☆ ☆ ☆

Na praia, noite sem luar.

O turista solitário depara com um homem junto às águas. Ouve-lhe a voz que soa aflita, em ardente súplica:

— Jesus, sou miserável alcoólatra, dominado por uma tendência compulsiva. É como se seres malignos me atormentassem. Não consigo resistir. Por piedade, ajuda-me, Senhor!...

Percebendo que há alguém por perto interrompe a oração.
— Perdoe a intromissão — desculpa-se o turista.
— Tudo bem, amigo. Eu apenas conversava com o Céu. Ando tão perturbado que não consigo concentrar o pensamento. Falando fica mais fácil...

Na instituição assistencial, o visitante dirige-se ao entrevistador:
— Vim inscrever-me como voluntário para o albergue.
— Ótimo! Precisamos de ajuda. Gosta desse trabalho?
— Não sei dizer. É minha primeira experiência.
— Algum motivo especial?
— Um amigo curou-se de uma depressão trabalhando aqui. Tenho o mesmo mal...

Passar pito em nós mesmos, orar de viva voz ou servir num albergue seriam fórmulas ideais para superar maus pensamentos, tendências viciosas ou estados depressivos?
Impossível generalizar.
Cada caso é uma singularidade.
Cada pessoa tem suas peculiaridades.
Cada indivíduo ostenta sua maneira de ser, seus "demônios" inferiores.
Imperioso, porém, ressaltar que as personagens das três historietas tentaram soluções, desenvolveram iniciativas, **mexeram-se**.
O que afeta as pessoas em geral e os obsidiados em particular é a tendência ao acomodamento. Habituam-se às próprias mazelas, mesmo quando têm conhecimento de que lhes são prejudiciais.

"Prá não dizer que não falei de flores" é o grande sucesso do compositor Geraldo Vandré.

Pretendiam as autoridades militares, em plena ditadura, tratar-se de uma música subversiva.

De suas intenções somente o autor poderia dizer.

Ressalte-se que há na letra um estribilho que pode ser aplicado às situações difíceis de desajustes associados à obsessão:

"Vem, vamos embora que esperar não é saber...
Quem sabe faz a hora, não espera acontecer."

Não há nenhuma sabedoria em esperar que o quadro de nossas perturbações se modifique, que poderes celestes interfiram, que ocorra um milagre, que se esgote o cálice de nossas amarguras.

É preciso que nos movimentemos, não deixando espaço para os "demônios" interiores.

É preciso mobilizar nossas potencialidades criadoras.

É preciso empenho de renovação, de crescimento espiritual, como o fazem aqueles que detêm o saber.

Ensina Jesus:

"O Reino de Deus está dentro de vós."

O inferno também.

Se não fizermos a hora do Céu o inferno vai acontecer.

OS LIVROS DO AUTOR

PARA VIVER A GRANDE MENSAGEM 1969
Crônicas e histórias. Ênfase para o tema Mediunidade
Editora: FEB

TEMAS DE HOJE, PROBLEMAS DE SEMPRE 1973
Assuntos de atualidade
Editora: Correio Fraterno do ABC

A VOZ DO MONTE 1980
Comentários sobre "O Sermão da Montanha"
Editora: FEB

ATRAVESSANDO A RUA 1985
Histórias
Editora: IDE

EM BUSCA DO HOMEM NOVO 1986
Parceria com Sérgio Lourenço e Therezinha Oliveira
Comentários evangélicos e temas de atualidade
Editora: EME

ENDEREÇO CERTO 1987
Histórias
Editora: IDE

QUEM TEM MEDO DA MORTE? 1987
Noções sobre a desencarnação e temas correlatos
Editora: Gráfica São João

A CONSTITUIÇÃO DIVINA 1988
Comentários em torno de "As Leis Morais",
3ª parte de *O Livro dos Espíritos*
Editora: Gráfica São João

UMA RAZÃO PARA VIVER 1989
Iniciação espírita
Editora: Gráfica São João

UM JEITO DE SER FELIZ 1990
Comentários em torno de "Esperanças e Consolações",
4ª parte de *O Livro dos Espíritos*
Editora: Gráfica São João

ENCONTROS E DESENCONTROS 1991
Histórias
Editora: Gráfica São João

QUEM TEM MEDO DOS ESPÍRITOS? 1992
Comentários em torno de "Do Mundo Espírita e dos Espíritos",
2ª parte de *O Livro dos Espíritos*
Editora: Gráfica São João

A FORÇA DAS IDÉIAS 1993
Pinga-fogo literário sobre temas de atualidade
Editora: O Clarim

QUEM TEM MEDO DA OBSESSÃO? 1993
Estudo sobre os processos de influência espiritual
Editora: Gráfica São João

VIVER EM PLENITUDE 1994
Comentários em torno de "Do Mundo Espírita e dos Espíritos",
2ª parte de *O Livro dos Espíritos*. Seqüência de "Quem Tem
Medo dos Espíritos?"
Editora: Gráfica São João

VENCENDO A MORTE E A OBSESSÃO 1994
Composto a partir dos textos de "Quem Tem Medo da Morte?"
e "Quem Tem Medo da Obsessão?"
Editora: Pensamento

SOBRE O AUTOR

O autor nasceu em Bauru, Estado de São Paulo, no dia 10 de outubro de 1935, filho de Francisco Simonetti e Adélia Marchioni Simonetti. Casado com Tânia Regina Moreira de Souza Simonetti, tem quatro filhos: Graziela, Alexandre, Carolina e Giovana.

Milita no movimento espírita desde 1957, quando se integrou no Centro Espírita "Amor e Caridade", na mesma cidade, do qual é o atual presidente. A entidade desenvolve largo trabalho no campo doutrinário, mantendo, ainda, departamentos de assistência social, destacando-se a Creche-Berçário, o Centro de Triagem de Migrantes, a Escola de Orientação Social e Profissional e Casas de Sopa.

Funcionário aposentado do Banco do Brasil, tem percorrido todos os Estados brasileiros, em palestras de divulgação da Doutrina Espírita.

O EVANGELHO DOS HUMILDES

Eliseu Rigonatti

Este livro tem origem na fonte inexaurível do Evangelho, e o seu mérito está em ter reunido todos os ensinamentos do Espiritismo até o dia de hoje, e com eles comentar, analisar, explicar, pôr ao alcance dos leitores cada um dos versículos do Evangelho Segundo S. Mateus. E quem diz Evangelho lembra a palavra de Jesus, a qual, nas palavras deste livro, "não envelhecerá; só ela não passará. Rocha inamovível dos séculos, cada geração descobre na palavra de Jesus uma faceta sempre mais brilhante que a anterior, que reflete mais luz, que mais ilumina os viajores que demandam a pátria celeste por entre os caminhos da Terra".

O EVANGELHO DOS HUMILDES foi redigido em linguagem cristalina e que tem o dom da penetração. Eliséu Rigonatti, autor de obras úteis e bem fundamentadas sobre a doutrina espírita, dedicou o volume "aos mansos, porque meu Mestre os chamou bem-aventurados. Almas ternas que repelis a violência, e sabeis usar a força do Amor, este livro vos anuncia o novo mundo que ides possuir!"

EDITORA PENSAMENTO

ALMA E CORAÇÃO

Francisco Cândido Xavier

O autor é bastante conhecido do público em geral pelas suas numerosas obras sôbre temas espiritualistas os mais variados. Esta que ora oferecemos aos leitores do Brasil constitui uma brilhante jóia que se engasta no fio de ouro em que luzem tantas outras, tôdas visando evangelizar todos os tipos de almas.

Num estilo simples e suave, saturado de amor e simpatia pelo próximo, êste livro apresenta a sua mensagem em sessenta capítulos bem ordenados, e aborda problemas subjetivos os mais atuais. A ninguém recrimina nem abate, mas desculpa e eleva aos páramos da meditação e reflexão. Dali mergulha a alma no fundo de seu ser, onde se retempera e fortalece em suas próprias energias internas, para sair à luta no campo aberto do mundo e ali travar a grande e interminável batalha que ao fim lhe trará a vitória e a libertação.

Neste século, e nos futuros, não mais se conquista a felicidade celeste fugindo do mundo e embrenhando-se em florestas ou mosteiros, mas, sim, saindo para o mundo e enfrentando corajosamente os seus problemas e buscando solucioná-los. Êsses problemas são mais internos que externos, porém ao resolver os internos verá logo solucionados os externos, porque, no fim de tudo, o mundo é o próprio indivíduo, é um reflexo seu.

Tampouco ensina uma vida espiritual passiva, mas sobretudo ativa, prática, serviçal. Por isso pode dizer: "Amarás servindo. Ainda quando escutes alusões em tôrno de suposta decadência dos valores humanos, exaltando a fôrça das trevas, farás da própria alma lâmpada acesa para o caminho." No serviço ao próximo está o verdadeiro amor bem por isso dizia Jesus, "o maior dentre vós é aquêle que serve", e ao fim de sua vida terrena se dizia simples e humildemente o "servo dos muitos."

Êste livro se destina, pois, a ser uma firme lâmpada a iluminar os passos incertos do cansado peregrino do eterno. Que essa lâmpada brilhe o mais intensamente e para o maior número de peregrinos, é tudo quanto se deseja.

EDITORA PENSAMENTO

3 OBRAS DE ALLAN KARDEC

EVANGELHO SEGUNDO O ESPIRITISMO

Explicação, à luz da Doutrina Espírita, das máximas da moral de Jesus Cristo, e a sua aplicação às múltiplas circunstâncias da vida.

Esta obra é dividida em cinco partes, cujos títulos são os seguintes: Os atos ordinários da vida de Cristo; os milagres, as profecias, as palavras que serviram para o estabelecimento dos dogmas da Igreja; e o ensino moral.

☆

LIVRO DOS ESPÍRITOS

Contém esta obra, todos os princípios da Doutrina Espírita. Trata sobre a imortalidade da alma, a natureza dos Espíritos e suas relações com os homens, as leis morais, a vida presente, a vida futura e o futuro da humanidade. Conforme o ensino dado pelos Espíritos superiores com o auxílio de vários médiuns, colhidos e ordenados por Allan Kardec.

☆

LIVRO DOS MÉDIUNS

Os médiuns evocadores, têm nesta obra o seu guia, pois, trata ela do ensino especial dos Espíritos sobre a teoria de todos os gêneros de manifestações, meios de comunicar-se com o mundo invisível, desenvolvimento da mediunidade, dificuldades e escolhos que podem encontrar-se na prática do Espiritismo, tudo como seqüência ao Livro dos Espíritos.

☆

EDITORA PENSAMENTO